싱글맘도 엄마입니다

싱글맘도 엄마입니다

초 판 1쇄 2022년 11월 29일

지은이 김민주
펴낸이 류종렬

펴낸곳 미다스북스
총괄실장 명상완
책임편집 이다경
책임진행 김가영, 신은서, 임종익, 박유진

등록 2001년 3월 21일 제2001-000040호
주소 서울시 마포구 양화로 133 서교타워 711호
전화 02) 322-7802~3
팩스 02) 6007-1845
블로그 http://blog.naver.com/midasbooks
전자주소 midasbooks@hanmail.net
페이스북 https://www.facebook.com/midasbooks425
인스타그램 https://www.instagram/midasbooks

© 김민주, 미다스북스 2022, *Printed in Korea.*

ISBN 979-11-6910-104-2 03190

값 15,000원

미다스북스는 다음세대에게 필요한 지혜와 교양을 생각합니다.

당신과 아이들의 꿈을 위한
대담한 인생 안내서

싱글맘도 엄마입니다

김민주 지음

미다스북스

싱글맘의 행복

"엄마가 글 쓰니까 진짜 좋아."

컴퓨터 앞에서 글쓰기에 집중하고 있을 때였어요. 뜬금없는 아들의 말에 고개를 돌렸습니다.

"혹시 너도 글 쓰고 싶어? 엄마가 글 쓰는데 니가 왜 좋아?"

"엄마가 글 쓴다고 바빠서 나한테 숙제하라고 잔소리 안 하니까. 그래서 좋지."

아들의 말에 도끼눈으로 변하는 저는 10년 차 싱글맘입니다.

처음 이혼을 결심할 때는 아무것도 보이지 않고 들리지 않고 그냥 내가 살아야겠다는 한 가지 생각뿐이었습니다. 엄마가 처음이라 모든 것이 서투르기는 했지만 세상에서 가장 소중한 내 아이를 누구보다 행복하게 키우고 싶은 마음으로 선택한 싱글맘 인생이었습니다. 책임감 있는 사람으로 성장한 저였기에, 힘들어도 잘 이겨낼 수 있을 거라 스스로 다짐하면서 지금보다 더 나쁜 일은 없을 거라고 믿었습니다.

하지만 현실은 그렇게 만만하지 않았습니다. 아이가 자라면서 싱글맘이기 때문에 겪을 수밖에 없는 힘든 일들이 생기기 시작했습니다.

여자인 제가 아들을 데리고 목욕탕을 갈 수 있는 시간은 얼마 되지 않았습니다. 사람 많은 수영장에 아들을 데리고 가는 것도 남들에 비해 세 배나 힘든 일이었지요. 탈의실을 오고 가는 복잡한 길을 뚫어야 하는 난감함, 아들 혼자 해내야 하는 영역에 대한 두려움, 사람들을 향한 의심, 수영장 크기와 물의 양만큼이나 힘든 감정들을 가질 수밖에 없었습니다.

아들이 7살 되던 무렵, 기차를 타고 해운대에 있는 아쿠아리움에 놀러 갔습니다. 물놀이가 목적이 아니었기 때문에 제 차가 아닌 기차 여행을 선택했지요. 바다를 보는 순간 아들은 말릴 틈도 없이 어느새 물과 한 몸이 되었습니다. 성격이 꼼꼼한 편인 저는 아들과 이동할 때는 항상 아들의 여벌 옷을 챙겨 다녔습니다.

신나게 즐기는 아들을 흐뭇하게 지켜보았습니다. 행복함도 잠시, 물속에서 나온 아들을 보면서 저는 고민이 생겼습니다. 기차를 타고 가야 하니까 샤워하고 옷을 갈아입어야 하는데 여탕으로 갈 수도 없고, 남탕으로 보내자니 낯선 곳을 무서워하는 아들이 온전히 잘 해낼 자신이 없다고 울먹이기 시작했습니다. 이내 답답해졌습니다.

샤워장 주인에게 가서 상황을 얘기하고 도움을 요청하니, 20분 정도 여탕에 오는 사람들에게 양해를 구할 테니 빨리 씻겨서 나오라고 했습니다. 얼마나 감사했는지 눈물이 흘렀습니다. 그때는 우는 엄마의 모습에 아들이 불안했다는 것을 몰랐어요. 이제는 아들의 마음에 조금씩 공감하는 방법을 배워가고 있습니다.

나는 지금 이대로 괜찮은가?

내 아이와 나를 위해 지금 할 수 있는 일은 무엇일까?

내가 꿈꾸는 미래의 모습은 어떠한가?

그리고 저는 제 생각, 감정, 현재를 변화시킬 수 있다는 믿음으로 어떤 선택을 하게 됩니다.

싱글맘도 엄마입니다

"그래! 독서하는 엄마가 되자. 글 쓰는 엄마가 되자!"

몸부림과 고뇌의 시간을 거쳐 선택하게 된 독서는 이제 저에게 미래 그 자체입니다. 하지만 혼자 하는 독서로는 '삶을 잘 살아내자'라는 메시지를 전할 수 없었습니다. 매개체가 있어야 했죠. 내 아들을 잘 키워야 하는 싱글맘이자, 대한민국 싱글맘들에게 희망의 아이콘이 되고 싶은 싱글맘 김민주는, 글을 쓰기 시작했고 『나는, 독서하는 싱글맘입니다』라는 책을 출간하게 되었습니다. 저와 같은 싱글맘뿐만 아니라 엄마로 살아가는 사람들에게 저의 경험이 도움이 되었다는 피드백을 들으면서 다시 한번 용기 내어 글을 써봅니다.

1장 '초보 싱글맘, 사춘기 아들'에서는 초보 싱글맘인 제가 사춘기 아들을 키우면서 나름 터득하게 된 노하우를 나누었습니다. 평생 배워야 하지만요.

2장 '나는 싱글맘 작가입니다'에서는 글을 쓰면서 만날 수 있는 마음과 삶의 변화를 써보았습니다. 여러분도 글 쓰는 삶을 시작한다면 지금보다 세 배는 더 행복해질 수 있을 겁니다.

3장 '독서의 힘, 믿으세요'에서는 지혜로운 엄마로, 한 사람으로 잘 살아내기 위해 진심을 다해 읽어내는 독서의 중요성을 담았습니다.

4장 '먹고 사는 건 중요하니까요'에서는 19살부터 현재까지 저의 삶을 솔직하게 나누어보았습니다. 제 삶만큼이나 여러분의 삶도 중요하다는 것, 꼭 기억해주셨으면 좋겠어요.

5장 '싱글맘이 진짜 나로 살아가는 시간'에서는 엄마라는 수식어 대신 제 이름 세 글자, 김민주로 살아가기 위해 삶을 즐기는 시간을 담았습니다. 우리 함께 삶을 즐겨봅시다!

6장 '대한민국에 한마디 할게요'에서는 한 부모 가정에게 제도적으로 적용되었으면 하는 바람을 경험담과 함께 풀어놓았습니다. 제도적으로 불편한 점, 한두 가지 쯤 있으시죠?

싱글맘인 저는, 아이에게 더 많은 진심을 전하기 위해 늘 노력하고 있습니다. 아이의 마음에 따뜻함과 믿음, 지혜와 사랑을 채워주면서 밝은 미래를 바라볼 수 있게 해주기 위해 책을 읽습니다. 그리고 글을 씁니다. 어떠한 상황에서도 엄마의 든든한 응원군이 되어주는 아들이 있기에 저는 행복한 싱글맘입니다.

쉽지 않은 삶을 살아가고 있을 대한민국 싱글맘들에게 지금도 잘 하고 있다고, 애쓰고 있다고, 함께 힘내자고, 용기를 내자고 말하고 싶습니다.

그리고 이 책이 앞으로 남은 인생을 살아가는 데 조금이나마 도움이 되고 삶의 한 줄기 희망, 당당한 태도의 밑바탕이 되어주길 바랍니다.

우리 아이들은 알 거예요. 엄마인 우리가 지금 이 순간을 살아갈 수 있는 이유는 바로 자신의 존재 때문이라는 사실을요.

싱글맘 김민주, 대한민국 엄마들의 행복을 위하는 마음을 여기에 내어놓습니다.

목차

1장
싱글맘의 자녀양육 : 초보 싱글맘, 사춘기 아들

싱글맘의 자녀양육 :
초보 싱글맘, 사춘기 아들

무관심 선택하기 :
최선을 다해 고개를 돌렸다

내가 다니는 직장에서 제일 바쁜 1월, 아들은 반대로 제일 한가한 겨울 방학이다. 아들이 어릴 적에는 방학을 해도 할머니와 산책하고 책 읽고 가끔 TV를 보면서 잘 지내주었다. 엄마는 없어도 할머니는 없으면 안 되던 아들이 자라면서 조금씩 변하기 시작했다.

코로나 때문에 밖으로 나갈 수 없으니까 아들은 친구들을 집으로 자꾸 데려오고 싶어 했다. 나는 우리 둘이서만 사는 집이 아니니까, 할아버지 할머니가 계시니까 안 된다고 했다.

아침 출근길에 아들이 물었다.

"엄마. 나 오늘 친구들 우리 집에 놀러오라고 하고 싶은데, 안 돼?"

"엄마가 계속 말했잖아. 할아버지 할머니 계시는데 친구들이 집에 오면 불편하잖아. 엄마 말, 못 알아듣겠어?"

"그럼 엄마. 나는 친구들하고 우리 집에서는 평생 못 노는 거네. 내 방에서 조용히 놀게. 그럼 되잖아." 아들의 마음도 이해되고 맞는 말이었다. 그래도 나는 어른 손님들이 자주 오는 우리 집에 아이들이 온다는 게 마음에 걸렸다.

"미안한데 엄마 생각은 그래. 아무리 네 방에서 논다고 해도 할머니가 간식도 챙겨주셔야 하고 시끄럽게 하면 할아버지 쉬시는 데 방해도 될거야. 그래서 집에 친구들을 안 데리고 오면 좋겠어." 아들은 아무 대답도 하지 않은 채 방으로 들어가버렸다. 평소에도 가끔 있는 일이어서 별생각 없이 나는 출근했고, 일이 바빠서 야근을 했다.

저녁 7시. 엄마에게서 전화가 왔다. 내가 일하고 있을 때, 특별한 일 아니면 전화를 안 하는 엄마였다. 아들이 친구 집에 놀러 간다고 갔는데 전화도 안 받고 들어오지도 않는다는 거였다. 지금까지 한 번도 없던 일이라서 걱정이 되었던지 기다리다 밤이 되어 전화를 했다.

싱글맘도 엄마입니다

'도대체 어디에 간 거지? 전화는 왜 또 안 받는 거야? 혹시, 나쁜 일이라도 생긴 건 아닐까?' 여러 걱정을 하면서 아들에게 전화를 했다. 몇 번의 신호음이 가도 전화를 받지 않았다. 불안한 인생 최고점을 돌파했다. 최대한 진정하고 아들에게 문자를 보냈다.

'지금 어디 있어? 엄마 아직 회사에 있는데, 네가 아직 집에 들어오지 않았고 연락도 안 된다는 할머니 전화를 받았어. 할머니도 걱정을 많이 하고 계시고. 불안해서 일이 안 돼. 엄마 문자 보면 전화 좀 부탁해.'

문자를 보내고 30분쯤 지났을까?

"엄마. 나 친구 집에서 놀고 있어. 전화 왜 했어?"아들의 전화였다. 아무렇지 않게 전화하는 아들 목소리에 안심이 되면서도 화가 났다.

"너 이렇게 늦게까지 남의 집에 있으면 어떻게 해? 할머니 전화는 왜 안 받는 거야? 엄마 전화는 왜 안 받아? 어른들 걱정하는 거 몰라?"아들에게 아무 일 없어서 다행이라고 한 마디만 해주면 될 텐데 마음과는 다르게 잔소리만 하고 있었다.

"나 할머니한테 친구 집에 놀러간다고 말했어. 할머니 전화 왔을 때는 친구들이랑 얘기하고 노느라고 못 본거야. 6시까지 간다고 했는데 놀다 보니까 시간이 이만큼 됐어. 엄마는 내 말은 듣지도 않고 왜 화만 내? 짜증 나."아들의 대꾸에 후회했지만 이미 늦었다.

"미안해. 할머니한테 전화 받고 나서 엄마가 너무 걱정 돼서 그랬어. 앞으로는 니 얘기 먼저 들어줄게. 날이 어두워졌어. 횡단보도 건널 때 조심하고 집에 얼른 가. 할머니 기다리고 계셔."

"알겠어. 그런데 엄마는 언제 와?"

"엄마 오늘 조금 늦어. 10시 전에는 들어가도록 노력해볼게." 아들이 집에 들어왔다는 전화를 받고 안심을 한 후 회사 일을 마무리했다.

현관문을 여는데 집안 분위기가 한겨울 날씨였다. 할머니에게 혼나고 불만이 가득한 아들, 그런 할머니와 아들 때문에 불편한 할아버지. 어떤 전쟁이 일어났을지 눈에 선하다.

'나를 닮아서 고집이 센 아들은 할머니한테 잘못했다는 말을 하지 않고 입을 다물고 있었을 거야. 그래서 우리 엄마는 무시당하는 기분에 화가 더 나셨을 거고. 아들은 자기를 이해해주지 않고 할머니가 자신의 입장에서만 얘기하니까 짜증이 났겠지. 그렇게 시끄러운 과정을 지켜보는 친정아버지는 조용하라고 소리치고 화 내셨을 거야.'

제왕절개로 낳아 병원에 있었던 일주일의 시간을 제외하고, 중학교에 입학한 현재까지 아들은 친정엄마 덕분에 편하게 잘 살았다. 일하는 나를 대신해서 학교에서 급한 일이 있을 때도 아들은 할머니의 도움을 받을 수 있었다. 그런 아들이었기에 어쩌면 나보다 할머니를 더 엄마처럼 믿고 따르고 지냈을 거다. 그런데 자라면서 할머니와 전쟁을 하기 시작했다.

예전에는 친정엄마가 아들과 있었던 일을 이야기 해주면 나는 언제나 친정엄마 편을 들었다. 나와 아들이 친정 부모님 집에 얹혀 살고 있다는 생각에 죄송했고, 늘 부모님께 짐이 되는 내가 싫었기 때문에 아들의 편을 들어줄 수가 없었다. 그럴 때마다 아들은 나에게 짜증을 냈다.

"엄마는 왜 무조건 나한테 잘못했다고 하는 거야? 할머니 말이 다 맞는 것도 아닌데 이상해. 그래서 요즘은 할머니랑 말하기 싫고 엄마한테도 화가 나." 아들의 이야기에 말했다.

"엄마는 너 낳고 100일 휴가 말고는 계속 일했어. 그런데 널 봐줄 사람이 없었거든. 그때 할머니가 너를 봐준다고 해서 엄마는 일을 그만두지 않아도 됐어.

낯선 사람에게 너를 맡길 수가 없었는데 할머니가 봐준다니까 엄마가 얼마나 좋았겠니?

거기다 너 4살 때 엄마 이혼 할 때도 사실 혼자 너를 키우려고 생각하니 겁나고 무서웠어. 그때도 할머니가 너 키워준다고 걱정하지 말라고 하셨어.

엄마에게는 언제나 든든한 빽이 되어주신 할머니여서 그런가 봐. 미안해, 아들. 엄마 때문에 속상할 때가 많았구나. 지금부터는 너랑 할머니랑 싸울 일 생기면 최대한 이성적으로 생각할게. 아니면 모른 척 할까?"

"아. 좋은 방법이야. 할머니랑 나랑 싸우면 엄마가 모른 척 해줘. 엄마 말 듣고 보니까 할머니 없었으면 진짜 나 어떻게 될 뻔 했어. 그러니까 엄마, 아무 편도 들지 말고 모른 척 해주면 내가 잘못했을 때는 할머니한테 사과할게." 눈을 반짝이며 말하는 아들을 보니 마음이 짠했다. 미안함과 고마움이 동시에 밀려오면서 눈물을 보이고 싶지 않아서 아들을 꼭 안아주었다.

그 날 이후 나는, 친정엄마와 아들이 다툴 때마다 최선을 다해 관심을 보이지 않았다. 친정엄마와 아들 사이에서 나는, 의도한 무관심으로 사춘기 아들을 키우는 게 현명하다는 생각이 들었다. 가끔 속에서 '욱'하고 감정이 올라오기도 하지만, 사소하게 잡음을 보이는 행동에 반응하지 않으면 재미가 없어서 안 하기도 하는 심리를 이용해본다.

안으로 들여다보는 데서 침묵을 캐낼 수 있다.
침묵은 자기 정화의, 자기 질서의 지름길이다.

최한수, 법정스님 인생명언가 다섯

2

경청, 공감, 소통 :
성장한 내가 좋다

2022년 3월, 아들이 중학생이 되었다. 초등학교 입학할 때 기억이 아직도 생생한데 벌써 중학생이라고 하니 시간이 참 빠르구나 싶다.

중학교 배정원서를 쓸 때 아들은 다니고 있는 초등학교와 붙어 있는 중학교를 1순위에 지망했다. 2순위 역시 버스로 이동 가능한 곳을 지망했다. 1순위 지망학교에 들어갈 거라고 나도 아들도 1%의 의심도 없이 마음 놓고 있었다. 그리고 배정 후, 큰 충격을 받았다.

1순위도 2순위도 아닌, 이 학교만 아니면 된다고 생각했던 곳에 아들이 가게 된 것이다. 내 마음이 이런데 아들 마음은 어떠할지 상상이 되었다. 퇴근 후 집에 와서 아들을 보니 짜증 가득한 얼굴이었다. 아들에게 조심스레 물었다.

"오늘 학교 배정 받은 거 엄마도 확인했어. 아들, 괜찮아?"

"짜증 나. 왜 다른 친구들은 다 가는데 나는 못 가? 나는 이 학교 가기 싫은데,

버스도 없고 걸어가야 하고 아는 친구들도 없고. 안 가면 안 돼?"

아들의 마음이 이해되었지만 학교를 안 가게 할 수는 없는 노릇이었다.

"아들, 우리나라는 중학교까지는 의무교육인데 어쩌지? 네가 가고 싶은 학교에 못 간다고 중학교를 안 갈 수는 없어."

"이게 다 엄마 때문이야. 짜증 나."

문을 쾅 닫고 방으로 들어가는 아들의 모습을 보니 화가 났다.

'이건 또 무슨 말도 안 되는 소리지? 지금 당장 내가 저 문을 열고 들어가면 아들하고 싸움을 할 것 같은데 어떻게 하지?' 그동안 독서모임을 통해 여러 사람들을 통해 듣고 배운 것을 생각하면서 잠시 멈춤을 했다. 이런 내가 얼마나 뿌듯한지 혼자 씩 웃기까지 했다.

마음을 진정시키고 아들의 방문에 노크를 했다.

'문을 안 열어주면 내가 화를 낼 것 같은데 어쩌지?' 잠시 걱정하는 사이, 방문이 열렸다.

"아들, 엄마하고 얘기 좀 할 수 있어?"

"무슨 얘기?" 퉁명스럽게 대답하면서도 아들은 책상 앞에 앉았다.

"중학교 배정 통지서 보고 니가 얼마나 속상했을지 엄마도 알아. 집도 가깝고 친구들도 많은 곳에 가면 편하고 좋을 텐데……. 원하지도 않던 학교에 간다고 생각하니 너도 화가 났을 거야. 그런데 엄마도 너만큼 놀라고 속상한 거 알아? 많고 많은 학교 중에 왜 하필 여기에 니가 가게 되었는지, 엄마도 니가 원하는 곳에 못 가서 화가 났어. 그래서 담임선생님께 전화를 했어. 혹시 다른 방법이 없을까 하고……. 당연히 안 되는 줄 알면서도 전화 했는데 선생님이 그러시더라. 이번 졸업생 중에 다섯 명만 이 학교로 가게 되었대. 추첨으로 이런 결과가 나오게 된 거라서 선생님도 어떻게 할 수가 없고 이사를 가야 전학이 가능하대. 그리고 엄마한테 죄송하다고 하셨어.

그래도 너를 포함해서 다섯 명이 간다니까 엄마는 마음이 조금 놓였어. 그리고 또 이런 생각도 들었어. '우와! 우리 아들이 많은 경쟁자들을 물리치고 특별히 다섯 명 안에 선발 되어서 가는구나. 이건 분명히 새로운 곳에서 더 많은 경험을 하라는 선물이구나.'

나를 닮아서 익숙한 걸 좋아하는 너에게 하늘이 주는 기회라는 생각이 들면서 저녁에 가면 너랑 얘기해야겠다고 마음먹었어. 엄마 말 들어 보니까 기분이 어때?"

나의 이야기를 듣고 있던 아들의 얼굴에 짜증이 조금씩 사라지기 시작했다.

"엄마 말대로 나 말고 친구 네 명이 더 있기는 해. 그건 다행이지만 그래도 집에서 멀리까지 걸어가는 것도 힘들고 아는 친구들이 많이 없는 게 속상해. 그래서 괜히 엄마 때문이라고 짜증냈어. 미안해. 일단 한번 가 볼게."

아들과 대화하면서 서로의 마음을 나눌 수 있어서 고마운 시간이었다.

그렇게 중학교에 입학을 하고 일주일 후 학교에서 방과 후 수업 안내문이 왔다. 초등학교 졸업식에 맞추어 기존에 다니고 있던 영어. 수학 학원을 그만 두고 중학교 생활에 적응할 때까지 쉬기로 했던 아들이 다시 학원을 가겠다고 하는 시점이어서 방과 후 수업을 해보기를 권했다.

다행히 학교에서 각 과목별로 1회씩 무료 수강할 기회를 주었다. 학교 마치고 집에까지 걸어와서 다시 학원 차를 타고 밤늦게 오는 일과가 힘들 것 같았다. 하지만 주위 사람들의 말을 들어보니 아들이 다니는 중학교의 방과 후 수업이 좋다고 해서 아들과 무료 수강을 한 번씩 해보기로 했다.

첫 방과 후 무료 수강은 수학이었다. 평소에도 수학을 좋아하던 아들은 이 정도면 학원 안 가도 되겠다고 했다. 이틀 후 무료 수강은 영어였다. 아들은 강하게 말했다.

"엄마, 나 학교 방과 후 안 할래. 오늘 영어 수업 들었는데 숙제도 진짜 많고 선생님이 너무 무서워. 중3 형들도 힘들어서 일주일 만에 그만 둔 사람들이 많다고 선생님이 얘기하셨어. 그리고 숙제가 기본 학습지 10장이야. 오늘 무료 수강 했는데 벌써 숙제 10장에 단어도 1,800개 외워서 가야 해. 나 못해. 아니 안 해. 그냥 학원 갈래."

이렇게 당당하게 자기주장을 펼치는 아들을 보는 게 흔한 일은 아니었다. 마음속으로는 기특하기도 했지만 다시 한 번 아들에게 진지하게 대화를 요청했다.

"아들, 안 그래도 영어 방과 후 선생님께서 엄마한테 문자 올 때 얘기했어. 입시학원 수준처럼 아이들에게 숙제도 많이 내 주고 조금 엄하게 가르친다고. 그 얘기 듣고 엄마도 조금 걱정했지만, 나름대로 의지가 강한 선생님이신 것 같아서 너한테 들어보라고 한 거야. 다시 한 번 생각해보는 건 어때?"

"아니, 엄마 나 영어 이렇게 못해. 힘들어서 못하겠어. 그리고 선생님이 조금 무서운 거 같기도 하고. 다시 학원 갈게." 옆에서 이야기를 듣고 있던 친정엄마가 아들에게 말씀하셨다.

"중학교는 이제 늦게 마치잖아. 학교 마치고 집에 왔다가 학원가서 영어, 수학 하고 오면 저녁 7시 넘어야 할 텐데 그냥 학교에서 방과 후 수업해. 그럼 너도 편하고 시간도 절약되고 좋을 거야. 친구들도 있고. 할머니 생각은 방과 후가 좋은 거 같다. 영어 선생님이 너희들 공부 잘 하라고 그런 건데 그냥 해."

"할머니, 나 숙제 그렇게 많이 하는 거 힘들어. 좀 늦게 오더라도 학원 그냥 갈래."자신의 생각을 분명하게 주장하는 아들에게 방과 후 수업을 시키고 싶었던 내 마음을 솔직하게 이야기 했다.

"아들, 학원은 영어와 수학만 공부 했잖아. 앞으로는 사회도 더 어렵고, 국어, 과학 등 과목들이 많이 어렵다고 해서 이것저것 학원을 전부 다닐 수 있는 시간이 안 돼. 학교에서 하는 여러 과목 공부를 돌아가면서 해보는 게 좋을 것 같아서 엄마가 방과 후 수업 해보자고 한 거야. 공부

는 니가 하는 거니까 니 마음에 안 들면 안 해도 돼. 그리고 힘들면 학원
도 안 가도 괜찮아. 공부가 전부는 아니니까."

아들은 조금 생각을 하는 듯하더니, 답했다.

"엄마 말대로 나도 학원 차 안 타고 친구들도 있으니까 해보려고 했는
데 영어가 너무 힘들어서 안 될 거 같아. 엄마, 내 마음 이해 돼?"

아들의 질문에 감사함이 몰려왔다. 이제 이렇게 당당하게 자기주장도
내세울 수 있어서, 스스로 공부하겠다고 선택할 수 있어서 감사했다.

"그럼. 당연히 이해되지. 엄마는 일단 니 마음이 제일 우선이라고 생각
해. 니가 결정해. 그래도 엄마가 너보다는 인생을 더 오래 살았으니까 가
끔은 엄마 의견도 좀 들어주고 알겠지?"

내 이야기를 듣고 있던 친정 엄마가 또 아들 말을 다 들어준다고, 그러
면 마마보이 된다고 싫은 소리를 하셨다.

"엄마, 안 그래. 이건 마마보이가 아니고 자기주장이 뚜렷해져 가고 있
다는 좋은 증거야. 그리고 공부는 본인이 하는 거니까 원하는 곳에서 하
게 해 주는 거지. 내가 아무 생각 없이 무조건 아이 말만 듣는 건 아니
야."

옆에서 우리 둘의 대화를 듣고 있던 아들이 나를 안으면서 말한다.

"우리 엄마 최고! 역시 엄마는 내 마음을 너무 잘 알아. 그래서 나는 엄마가 제일 좋아."

아들의 말에 경청하고 공감하고 진심으로 소통하는 엄마가 되기 위해 오늘도 한 걸음 성장한 내가 좋다.

그리고 나를 이해해주는 엄마가 계셔서 좋다.

무엇보다 나를 최고라고 해주는 아들이 있어서 좋다.

경청, 공감, 소통으로 오늘도 난 행복을 선택한 엄마가 되었다.

나는 행복한 엄마다.

그저 내가 더 잘 들어주기만 해도 사람들은
내게 더 많은 이야기를 하고 싶어한다는 사실을 깨달았다.
사람들이 마음을 열수록 나는 그들에게 깊이 공감했다.

대니얼 고들립, 마음에게 말걸기, 문학동네

따로 또 같이 :
나는 책, 아들은 게임

태어나서 지금까지 외할아버지 외할머니와 함께 살고 있는 아들은 휴대폰이 필요 없었다. 초등학교에 입학할 무렵, 다른 친구들이 휴대폰을 거의 다 가지고 있었지만 아들은 필요 없다고 했다.

2학년이 되어서 아들이 태권도 학원을 다니게 되면서 급하게 연락을 하거나 위치를 파악해야 해서 키즈폰을 샀고 4학년 때까지 그걸 사용했다.

아들이 5학년이 되던 해, 코로나가 생겼다. 그리고 학교를 못 가고 집에서 휴대폰으로 원격 수업을 하게 되었다. 휴대폰이 없는 아들이 할머니 휴대폰을 가지고 수업을 하다 보니 친정엄마가 전화를 마음 놓고 사용할 수 없는 불편함이 생겼다. 그래서 아들에게 비싸지 않은 휴대폰을 사 주었다.

원격수업 때문에 휴대폰을 구입했는데, 12살 늦은 나이에 자기만의 휴대폰을 가진 아들은 휴대폰과 한 몸이 되었다. 게임을 하고 유튜브를 보고 아들은 그동안 구경 못 한 새로운 문물에 빠져 들어가고 있었다.

초등학교 입학부터 게임을 해오던 친구들에 비해 늦게 시작했으니, 더 재미있고 신기하기도 할 거라는 생각이 들면서도 걱정이 되었다. 수업하느라 휴대폰을 가지고 있고, 수업이 끝나면 게임하느라 또 휴대폰과 한 몸이 되어 있으니 할머니의 걱정만큼 잔소리도 늘어나기 시작했다. 물론 나도 예외는 아니었다.

퇴근해서 돌아오면 늘 집안 분위기는 냉랭했고 오늘은 또 할머니와 어떤 전쟁을 치뤘는지 눈치부터 살피기 시작했다. 어느 날 퇴근하고 들어오니 친정엄마의 속사포 같은 잔소리가 나를 맞이했다.

"도대체 어떻게 하려고 그래? 오늘도 수업 마치고 하루 종일 휴대폰 들고 게임만 한다. 계속 저렇게 둘 거야? 니가 야단쳐야 될 거 아니야! 무서운 사람이 없으니 겁도 안 내잖아. 무조건 잘 해주는 게 정답은 아니다. 이러다가 좀 더 크면 못 키운다. 딸하고 아들은 달라. 그러니까 제발 좀 야단 치고, 안 되면 매도 들고 그렇게 키워라. 내 말 안 들으면 분명히 나중에 니가 후회한다."

한동안 잠잠하더니 다시 친정엄마의 심한 잔소리가 시작된 걸 보니까 오늘 또 심각하게 한바탕 했구나 싶었다.

이럴 때 내가 무슨 말을 한들 친정엄마 마음에 들지 않을 테니까 조용히 알겠다고 하고 아들과 마주 앉았다.

"아들, 오늘 게임 얼마나 했어? 오늘도 할머니가 밥 먹자고 할 때 안 먹고 게임만 했어? 할머니 화 많이 나셨던데……."

"엄마는 왜 할머니 말만 듣는 거야? 나한테도 물어봐야지. 진짜 짜증나."

아들의 불만이 쏟아졌다.

아차! 또 내가 실수했다. 곧바로 실수를 인정하고 아들에게 물었다.

"미안해. 엄마도 퇴근해서 들어오는데 할머니가 그렇게 야단치니까 기분이 안 좋아서 또 엄마 생각부터 말했어. 오늘 무슨 일 있었어?"

"아니, 오늘은 원격수업이 좀 늦게 끝났거든. 그래서 수업 마치고 게임 좀 하는데 할머니가 자꾸 씻고 밥 먹으라고 하잖아. 조금 이따 씻는다고 했는데도 계속 씻으라고 하면서 말 안 들으면 엄마 오면 휴대폰 버리라고 할 거라고 짜증내시잖아.

그래서 나도 화나서 할머니 말 안 듣고 게임 더 했어. 나 진짜 조금만 있다가 씻고 밥 먹으려고 했는데 할머니가 자꾸 혼내니까 그냥 게임 더 해버렸어. 미안해."

아들의 말을 들으면 아들 말이 맞고, 친정엄마의 말을 들으면 친정엄마 말이 맞고 중간에서 난감했다. 그래도 일단 아들을 달랬다.

"아들, 할머니는 걱정 돼서 너한테 그렇게 얘기하신 거 알지? 얼른 씻고 밥 먹고 놀면 좋을 거 같아서 그러신 거니까 너도 다음에는 할머니한테 약속 시간 정해놓고 노는 거 어때?"

"알겠어. 그런데 엄마, 나 부탁이 있어. 들어줄 수 있어?"

갑자기 부탁이 있다는 아들의 말에 긴장이 되었다.

"얘기해 봐. 들어보고 결정해야 하지 않겠어?"

"나 엄마랑 둘이서 놀러가서 밤새 게임 한번 해보고 싶어. 집에서는 할아버지 할머니 같이 계셔서 새벽 되면 혼나니까 우리 둘이 놀러가서 진짜 밤새 게임 한번 해보면 안 돼?"

아이다운 생각에 웃었고, 할아버지 할머니 눈치를 보는 아들에게 미안 했다.

복잡한 감정을 뒤로 한 채 아들에게 밤새 게임 할 수 있는 공간을 찾아 1박 2일 여행을 떠났다. 밤새 게임하는 게 목적이니까 멀리 가지 않아도 될 것 같아서 팔공산 밑에 있는 조용한 호텔을 향해 토요일 아침에 출발 했다. 내가 일하는 곳이 팔공산 근처라서 자주 가던 길이고 지나는 길에 보이던 호텔이었지만 오늘은 새로운 느낌이었다.

들어가기 전 둘이서 맛있는 밥도 먹고 간식거리도 샀다. 호텔에 들어 가서 게임 시작 전에 우리 둘은 깨끗하게 샤워를 했다.

'게임을 하기 위해 몸과 마음을 정리 정돈하는 아들과 엄마, 다른 사람 들이 보면 얼마나 웃길까? 아니 이런 모습 상상이나 했을까?' 싶은 생각 에 웃음이 나왔다.

각자 침대에 엎드려서 휴대폰을 들고 게임을 시작했다. 30분쯤 지났을 까? 아들이 나에게 다가와서 흔들었다.

"엄마 또 휴대폰 들고 자는 거야? 잠 오면 휴대폰 놓고 자."

"응? 엄마가 잤어? 시간 얼마나 됐는데?"

아들이 웃으면서 말했다.

"게임한지 겨우 30분 지났어. 엄마는 휴대폰만 들면 자네. 신기해."

나는 책을 볼 때는 잠이 안 온다. 물론 자격증을 위해 시험공부를 할 때는 예외이지만 말이다. 그런데 신기하게도 휴대폰은 업무적으로 볼 때는 괜찮지만 게임을 하거나 검색을 하다 보면 30분도 안 돼서 잠이 들어버린다. 문명의 혜택을 늦게 받은 옛날 사람이라 그런가 싶다. 내가 잠이 안 온다고 하면 아들이 휴대폰을 보라고 할 정도니까 말이다.

이런 나와 반대로 아들은 휴대폰만 있으면 하룻밤 새우는 건 일도 아니다. 얼마나 신나게 즐기는지 모른다. 배고픈 줄도 모른다고 하니 진짜 재미있기는 하나 보다. 둘이서 밤새 좋아하는 게임 해보자고 호텔에 왔는데 역시 나는 30분 이내에 잠이 들었다 일어났다 반복하고, 아들은 아무에게도 방해 받지 않고 오롯이 게임을 하며 밤을 샜다.

자다 일어나 보니 시계는 새벽 3시, 아들은 지치지도 않고 게임에 열중하고 있었다. 오늘은 밤새 게임하기 위해 온 날이니까 모른 척 다시 잠을 청했다. 그러다 일어나니 새벽 6시, 날이 밝아 오는데도 아들은 여전히 게임을 하고 있었다. 놀랐지만 태연한 척 "아들 안 피곤해?"하고 물었더니 돌아오는 대답은 짧다.

"안 피곤해. 너무 신나."

'좋아하는 게임을 하니까 밤새워도 괜찮구나. 만약 공부를 밤새 했으면 어떨까? 역시 사람은 좋아하는 일을 할 때 제일 즐겁고 행복하구나. 그래도 집에 돌아가기 전에 좀 자면 좋을 텐데…….'

이런 내 생각을 눈치라도 챈 건지 아침 7시가 되니 아들은 말했다.

"엄마, 나 이제 좀 잘게. 이따 나가기 30분 전에 깨워 줘."

"그래. 잘 생각했어. 얼른 자." 평소에는 잠들기 전 기본 30분에서 1시간은 잠이 안 온다고 몸부림치는 아들이 금방 잠이 들었다.

'역시 피곤하니까 잠이 잘 오는구나.' 다음에도 아들과 이런 시간을 가끔씩 가져야겠다는 다짐을 하면서 나는 잠 오는 휴대폰 말고 책을 들고 앉았다.

'아들이 일어나면 얼마나 기분 좋았는지 물어 봐야지.'

기분 좋은 상상을 하면서 잠든 아들의 얼굴을 바라볼 수 있는 이 시간이 좋다.

만약 당장 자신을 믿기 어렵다면 시간을 믿으십시오.
자기를 믿기 어렵다면 자신에게 좀 더 시간을 주십시오.
인생에서 중요한 문제는 대개 급하게 처리할 일들이 아닙니다.
천천히, 결국은 해결하리란 믿음이 나와 내 인생을
좌절과 비난에서 건져낼 것입니다.

4

둘만의 여행 :
엄마나무의 다짐

아들은 태어나면서부터 외할아버지, 외할머니의 보살핌 속에서 자랐다. 친정 부모님 덕분에 나는 직장 일에 집중할 수 있었고, 아들은 혼자 있는 시간이 없어서 외롭지 않았다.

그런 아들이 9살이 되던 해에 나에게 둘이서만 여행을 가자고 했다. 하루 만에 다녀오는 곳도 아니고 비행기를 타고 가는 제주도로 둘이서 여행을 가자고 하는데 걱정부터 앞섰다.

9살이 된 아들이지만, 내 눈에는 아기였다. 아들이 태어난 이후 단 한 번도 둘이서만 먼 길을 떠나보지 않았기에 걱정이 되는 건 당연하다고 생각했다.

어디를 가든 언제나 가족들이 함께 했다. 친정 부모님이 안 계시면 오빠네 식구들, 아니면 남동생네 식구들과 늘 함께인 우리의 여행이었는데 갑자기 둘만의 여행을 제안해온 아들의 말에 당황했다.

"아들, 진짜 우리 둘이서만 비행기 타고 제주도 가는 거 괜찮겠어? 제주도는 멀어서 오고 싶어도 바로 못 와."

"응. 괜찮아. 그냥 둘이서만 가보고 싶은데, 안 돼?"

안 될 일은 아니었다. 단지 내가 걱정이 되었을 뿐⋯⋯.

그렇게 2017년 9월, 제주도로 둘만의 여행을 시작했다. 1시간이면 충분히 도착할 거리였는데 비행기에서 아들은 나를 닮아 촌스럽게 멀미를 했다. 멀미약을 먹고 잠들어 있는 아들을 보니 마음이 또 짠해왔다.

'이런 건 안 닮아도 될 텐데. 비행기 안에서 신나게 하늘을 바라보며 재잘재잘 떠들어도 좋을 텐데.' 생각이 깊어질 때쯤 우리는 제주공항에 도착했다. 평소에도 운전하는 것을 좋아하지 않았고 더군다나 낯선 길이라 아들과의 여행에 온전하게 집중하기 위해 대절해놓은 택시를 타고 관광을 시작했다.

싱글맘도 엄마입니다

아들이 하고 싶고 가고 싶은 곳을 결정해보라고 미리 일러두었기에 거기에 맞춰 관광을 했다. 먹는 것에는 별로 관심 없는 아들이어서 음식 또한 아들이 먹고 싶은 것으로 먹자고 했더니 점심만 관광하다 사 먹고 아침, 저녁은 주로 숙소에서 해결했다.

아침에는 계란프라이, 식빵, 우유를 먹었고 저녁은 치킨으로 또 어느 때는 배가 고프지 않으면 빵으로 대신했다. 관광 역시 하루에 한 군데만 가도 괜찮다는 생각으로 여유 있게 구경했다.

싱글맘인 나에게는 불편한 추석 연휴를 맞이해서 온 제주도에서 가족 관광객들을 많이 만났다. 아들은 또래 아이들과 자연스레 이야기를 주고받으며 기분 좋게 여행을 이어나갔다.

'밤에 무섭다고 안자고 울면 어떻게 하지? 할머니 보고 싶다고 집에 가자고 하면 어떻게 하지? 여행 하다가 힘들다고 투정 부리면 어떻게 하지?' 제주도로 오기 전 많은 걱정들을 한 내가 부끄러울 만큼 아들은 씩씩하고 즐겁게 여행을 즐겼다. 잠들기 전에는 "엄마, 내가 남자니까 엄마 지켜줄게. 문단속 확인 한 번 더 하고 엄마 먼저 자."하고 문단속을 해주었다. 처음으로 함께 한 둘만의 제주도 여행은 행복 그 자체였다.

돌아오는 제주공항에서 2년 뒤에 다시 오겠다고 손 흔드는 아들을 보면서 나 역시 이만큼 잘 자라준 아들에게 고맙고 감사했다.

싱글맘도 엄마입니다

2년 후 2019년 10월, 11살이 된 아들과 나는 10박 13일의 미국 여행을 떠났다. 가족과 함께하진 않았지만 일행이 있는 여행이었다.

처음으로 아들과 해외여행을 함께 하는 나도, 태어나서 해외여행은 처음인 아들도 장시간 비행기를 타야 한다는 생각에 두려움 반 설렘 반으로 떠난 미국 여행에서 나는 또 한 번 아들이 성장했음을 알게 되었다.

장시간 비행기를 타고 가도 투정부리지 않고, 멀미 때문에 힘들면서도 잘 견뎌 주었다.

먹는 게 입에 맞지 않아도 먹어보려 하고, 함께 여행하는 사람들에게 피해 주지 않기 위해 힘들 때도 큰 불평 없이 잘 따라 주었다. 넓은 세상에서 또 다른 경험을 하고 돌아온 이후 아들은 자존감이 올라갔다.

"엄마, 미국 가는 데 돈 많이 들었을 텐데 엄마 혼자 안 가고 나 데려가줘서 고마워. 나 미국 여행 진짜 좋았어. 2년 뒤에도 나 데리고 갈 거지?"

함께 하는 사람들과 2년 뒤에 다시 오기로 한 약속을 아들은 잊지 않았다. 미국에 다녀 온 뒤 친구들에게 신나서 자랑하는 아들을 보면서 내가 참 괜찮은 엄마임을 스스로 칭찬해주었다.

싱글맘도 엄마입니다

2021년 9월 다시 찾아온 추석, 갈 곳이 없는 아들을 위해서, 아니 집에 있으면 내가 마음이 불편하니까 이번에도 둘만의 여행을 계획했다. 이번 여행지는 내 차로 이동이 가능한 경주로 결정하고 그동안 가보지 않았던 조용한 호텔을 숙소로 예약했다.

경주는 자가운전으로 1시간 30분 정도면 충분했다. 멀미를 하는 아들을 위해 휴게소에서 충분히 쉬면서 갈 수 있는 자가운전이라 우리는 마음 편안하게 출발했다.

아들은 내 차를 타고 이동할 때마다 차 안에서 음식을 먹는 것을 좋아한다. 어쩌면 그것 때문에 내 차로 놀러가자고 하는지도 모르겠다. 내 차로 여행을 갈 때면 언제나 준비하는 음식이 있다.

아들이 좋아하는 엄마표 김밥과 샌드위치를 만들어서 차 안에서 먹을 만큼의 도시락을 따로 준비했다. 역시 오늘도 차에 타서 안전벨트를 매면서 이미 아들은 도시락을 찾았다. 평소에는 먹는 양이 적지만 이렇게 차로 이동을 할 때는 잘 먹어주는 아들이 좋아서 나도 여행 가는 길, 도시락 싸는 재미가 있었다.

평소에는 취사 가능한 콘도로 가기 때문에 간단하게 해 먹을 수 있는 재료들을 준비해서 간다. 하지만 이번은 호텔로 숙소를 정해서 도시락만 싸고 여행을 떠났다.

싱글맘도 엄마입니다

쉬엄쉬엄 구경하면서 경주에 도착했다. 이번에도 아들이 가고 싶은 곳으로 첫 여행지를 결정하고 신나게 구경하고 호텔을 향해 출발했다.

경주에 있는 호텔 대부분이 약간의 고풍을 지니고 있는 것 같은데 우리가 2박 3일을 보낼 호텔 로비에서 곰돌이가 반겨주었다. 콘도에만 익숙해져 있던 아들에게는 색다른 분위기였는지 곰돌이 앞에서 사진도 찍었다.

호텔에서는 취사가 안 된다는 내 말에 아들이 실망을 했다. 대신에 시켜 먹을 수는 있다고 하니 이내 "엄마, 그럼 우리 저녁에는 치킨 시켜 먹자."라고 말하는 아들을 보니 웃음이 났다.

많이 먹지는 못하지만 둘 다 좋아하는 음식 중에 한 가지가 치킨이다. 어릴 때부터 집에서 치킨을 먹어도 늘 밥과 함께 먹던 아들은 호텔에서도 밥을 찾았다. 습관이 이렇게 무서운 거구나 싶었다.

아들과 함께 치킨을 주문하러 가서 물어보니 가게에 즉석 밥이 있다고 했다. 밥과 함께 치킨을 먹고 싶다는 아들의 소원은 이루어졌다. 전자레인지에 돌린 즉석 밥을 처음 먹어본 아들은 말했다.

"엄마. 나 이런 밥 처음 먹어봐. 좀 딱딱하기는 한데 그래도 먹을 만하네."

"그렇지? 너는 할머니가 매일 따뜻한 밥을 해 주시니까 이런 밥은 먹을 일이 없지만 밥 해 줄 사람이 없어서 즉석 밥 먹는 사람도 많아. 우리는 할머니가 계셔서 진짜 다행이다. 그지?" 내 말이 끝나자 기다렸다는 듯이 아들이 대답했다.

"맞아. 우리 집에 갈 때 할머니 좋아하는 거, 뭐 사 가지고 가자. 할머니가 뭐 좋아하시지?" 할머니에게 고마움을 표현할 줄 아는 아들 덕분에 내 마음도 따뜻해졌다.

집으로 돌아오는 길 휴게소에서 아들이 할머니에게 드릴 선물을 골랐다.

"엄마, 우리 할머니는 먹는 것보다 예쁜 거 더 좋아하시잖아. 이 모자 어때?"하면서 빨간 모자를 가리켰다. 할머니가 빨간색을 좋아하는지 아들도 알고 있었다는 사실에 웃음이 났다.

"그래. 이거 할머니가 좋아하실 거 같은데 이걸로 사자." 얼른 모자를 사고 휴게소를 두리번거리던 아들이 음식 파는 곳으로 나를 데리고 갔다.

"엄마, 할머니 것만 사 가면 할아버지 삐질 거야. 할아버지는 보리빵 어때?" 할아버지까지 챙기는 아들을 보면서 눈물이 났다. 엄마인 내가 부족해서 아들에게 이런 환경을 만들어버린 것이, 또래보다 생각이 깊고 일찍 철이 든 것이 괜히 미안했다. 그리고 이런 환경에서도 반듯하게 잘 자라주는 아들에게 고마웠다.

아들의 따뜻한 마음에 눈물이 나는 울보 엄마는 둘만의 여행에서 행복을 찾고 아들을 끝까지 지켜주는 엄마나무가 되겠다고 다짐했다.

여행은 젊은 사람에게 있어서는 교육의 일부이며
나이 많은 사람에게는 경험의 일부이다.

프랜시스 베이컨

책, 너를 믿는다 :
참 괜찮은 엄마

아들이 초등학교 6학년이 되면서부터 살짝 달라지고 있음을 느꼈다.
불안했다.

'이 느낌 뭐지? 이제 사춘기 시작인가? 친구들보다 늦어서 무난히 지
나가는가 싶었는데 나만의 착각이었나?' 아들의 사춘기에 대해 심각하게
고민하게 되었다. 아빠 없이 나와 둘이서 지내서인지 비밀이 없는 아들
이었다. 그런데 6학년이 되면서부터는 내가 물어보는 말에도 대답을 잘
하지 않았고, 방문을 잠그는 횟수도 많아지기 시작했다.

할머니와 아들이 한바탕 전쟁을 치르고 난 어느 날, 아들은 방문을 잠그고 안으로 들어가버렸다. 아무리 밖에서 문을 두드려도 대답이 없었다. 평소 같으면 화가 나도 문을 열라고 하면 못 이기는 척 열어주었기에 덜컥 겁이 났다.

'나쁜 생각 한 거는 아니겠지? 무슨 일이 있는 거 아니겠지?' 속으로 별생각을 다 하면서 열쇠를 찾았다. 당황해서 열쇠를 둔 곳도 기억이 나지 않았고, 이런 나를 보는 친정엄마 역시 처음 있는 일에 서둘러 열쇠를 찾아주었다.

떨리는 손으로 문을 열었다. 울다 지쳐 잠든 아들의 얼굴이 눈에 들어왔다. 아무 일 없이 자고 있는 아들이 얼마나 고맙고 예쁘던지, 자는 아들을 끌어안고 펑펑 울었다. 아들은 잠에서 깨어 "엄마, 왜 울어? 무슨 일이야?" 눈을 동그랗게 뜨고 내 눈물을 닦아주었다.

"엄마 퇴근해서 왔는데 할머니가 너 혼냈다고 하시고, 니 방문은 잠겨 있고 아무리 불러도 대답은 안하고, 엄마 혼자 나쁜 생각 하면서 걱정했거든. 그런데 이렇게 자고 있으니까 엄마가 너무 고마워서 울었지. 아무 일 없어서 너무 다행이라서 말야."

"아, 맞다. 아까 문 잠그고 울다가 잠들어버렸네. 할머니한테 미안해.

엄마가 걱정하게 해서 미안해." 아들의 말에 긴장했던 몸과 마음이 풀렸다.

"엄마, 나 엄마가 생각하는 그런 나쁜 생각 안 해. 내가 우리 가족을 얼마나 사랑하는지 엄마도 알잖아."

누구보다 가족을 사랑하는 아들인데 잠시나마 내가 무슨 생각을 한 걸까 싶었다. 그래도 문은 잠그지 말아 달라고 아들에게 부탁했다. 가끔씩 할머니와 한바탕 전쟁을 치르고 나면 아들은 문을 잠그기는 하지만 잠이 드는 일은 없었다.

아들에게 조금씩 변화가 보이기 시작하면서 나는 한동안 멀리 했던 책들을 다시 읽었다. 아들의 성장과정에 관한 책. 다른 아이들의 사춘기 경험. 다른 부모들이 현명하게 대처하는 방법. 있는 그대로의 모습을 믿어주면서 자존감을 높여주는 방법 등 닥치는 대로 책을 읽기 시작했다.

지난 시간을 돌아보니 나는 어렵고 힘들 때 책을 통해 많은 부분을 배운 사람이었다. 그리고 간접경험을 잘 믿고 그렇게 해보려고 노력한 사람이었다. 이런 나의 성향 덕분인지 아들두 책 읽는 것을 좋아한다. 지금은 책보다 휴대폰과 더 친하기는 하지만, 그래도 책 읽는 시간을 강제로 만들어놓으면 책 속으로 깊게 빠져드는 아들이라서 다행이다.

내가 여자라서 남자에 대해 아는 게 별로 없다. 특히 아들의 성장 과정을 경험해보지 않아서 이해하기 힘든 부분들이 많다. 아들이 가끔 친정 엄마의 말을 안 듣고 힘들게 할 때마다 엄마는 말씀하셨다.

"엄마들은 딸이 있어야 해. 딸은 아들보다 키우기도 쉽고 말이야. 크면 친구처럼 지낼 수 있을 텐데……." 공감되는 부분도 있었지만, 내가 지금까지 살아올 수 있었던 이유인 아들이 있어서 나는 괜찮다.

그리고 아들에 대해서 모르는 건 배울 수 있는 기회가 너무 많은 세상이니까 걱정할 필요가 없다. 아들을 이해하는 엄마가 될 수 있으니까 세상에 나와 있는 많은 책들에 고맙다. 그리고 아들에게 책을 안내해줄 수 있는 내가 좋다.

어느 책에서 본 글이 기억이 났다.

"엄마 나이가 지금 40살이라고 해도 아들이 7살이면 엄마도 7살이에요. 엄마가 된 지 똑같이 7년이잖아요."

처음 이 글을 읽었을 때는 말도 안 되는 소리라고 생각했다. 그런데 읽으면 읽을수록, 아들이 크면 클수록 정말 맞다는 생각이 들었다.

'맞아. 내가 엄마가 된 지 이제 십삼 년, 아들도 열세 살. 그러니까 나도 똑같이 열세 살인데 어떻게 다 알겠어. 모르는 게 당연하고 서투른 게 당

연하고 그래서 토닥토닥 싸우는 것도 당연해.'

완전 공감이 되면서 아들에게 말해주었다.

"아들, 13살 사춘기 되니까 짜증도 많이 나고 힘들지? 엄마가 미울 때도 많지?"

"응. 엄마 괜히 짜증나고 밉고 그럴 때가 생겨. 나도 왜 그런지 잘 모르겠어."

"당연히 모를 수밖에 없지. 너도 13살이 처음이고 이런 감정도 처음이니까 어떻게 알겠어. 그런데 아들 있잖아. 엄마도 13살 아들을 처음 키워봐서 잘 몰라. 그래서 아마 너한테 더 서운하고 속상하고 그런가 봐. 우리 둘 다 처음이라서 그런 거니까 조금씩 더 이해하고 살자. 책에서 그러더라. 아이 나이랑 엄마 나이는 똑같다고, 그 말이 뭔지 이제 엄마 조금 알 것 같아."

"무슨 소리야? 그거, 엄마가 괜히 지어낸 거 아니야?"

"아니야. 진짜 책에서 그랬어. 그리고 어떤 심리상담사도 그런 얘기 했고."

"그래. 그럼, 엄마 말대로 우리 서로 처음이라 그런 거니까 앞으로 더 잘 지내면 되는 거네. 나도 사실 엄마한테 소리 지르고 나서 미안할 때 많았거든. 엄마가 속상해하고 힘들어할 때 괜히 나 때문인 거 같아서 말야."

'언제 이만큼 자랐지? 속상한 내 모습 보면서 미안하다는 생각도 할 만큼 자랐구나.' 아들의 말을 들으면서 마음이 따뜻해졌다.

누구보다 엄마를 믿고 사랑해주는 아들.

아빠 없이 자랐지만 엄마만 있으면 된다고 말해주는 아들.

가끔 말도 안 되는 고집을 부릴 때면 나도 모르게 화가 나고 속이 상하지만 그래도

내가 살아갈 이유인 아들.

이런 아들을 조금이라도 알아가기 위해서 책을 믿고 읽는 나는 참 괜찮은 엄마 같다. 엄마와 아들의 자존감을 높여주고, 소통할 수 있게 해주는 모든 책들에 한 마디 하고 싶다.

"책, 너를 믿는다. 그리고 고맙다. 앞으로도 잘 부탁해!"

우리가 읽어야 할 책이란 다음과 같은 것이다.
읽기 전과 읽은 후 세상이 완전히 달라 보이는 책,
우리들을 이 세상의 저편으로 데려다주는 책,
읽는 것만으로도 우리의 마음이 맑게 정화되는 듯 느껴지는 책,
새로운 지혜와 용기를 선사하는 책,
사랑과 미에 대한 새로운 인식, 새로운 관점을 안겨주는 책.

프리드리히 니체, 『초역 니체의 말』, 삼호미디어

2장

나는 싱글맘 작가입니다 :
글을 쓰면 보이는 것들

　네 살의 어린 아들을 데리고 이혼녀가 되었다. 나에게는 목숨보다 소
중한 아들이기에 당연히 내가 친권과 양육권을 가져오면서 자연스럽게
싱글맘이 되었다. 아들을 사랑하고 직장이 있고 도와줄 부모님이 계시니
까 괜찮을 줄 알았다. 처음 겪어본 일이라서 아프기는 했지만 내 선택을
믿었다. 하지만 싱글맘의 인생은 만만치 않았다.

　양육을 해주는 부모님이 계시는데도 내 마음은 계속 아프고 답답했다.

'도대체 이건 뭐지? 당신의 인생을 포기하고 나와 아들을 위해서 24시간 함께 해주는 엄마가 있는데 왜 답답하지?' 복잡한 마음을 들여다보기 시작했다. 당신의 인생을 포기한 엄마에 대한 죄송함과 고마움. 아빠 없이 자라게 될 아들에 대한 미안함. 싱글맘으로 당당하게 살아갈 수 있을지에 대한 두려움이 얽혀 있었다.

이런 마음을 만날 때마다 힘들었지만 피할 수 없는 현실이었다. 정면으로 승부해야겠다 다짐을 했던 건 아들이 초등학교 입학을 앞두고 있던 때였다. 이혼을 했지만 아들은 가끔씩 아빠와 만남을 이어가고 있었다. 아빠 직장이 멀리 있어서 자주 못 보는 거라고 알고 있는 아들에게 더 이상 진실을 숨기면 안 되겠다 싶었다. 처음으로 아들에게 이혼 사실을 꺼내기 전, 언제 어디서 어떻게 이야기해야 할지 심각하게 고민을 했다.

'그래. 우리 방에서 하자. 익숙한 곳에서 듣는 게 아들이 충격을 적게 받을지도 몰라.'

저녁을 먹고 아들과 방에 마주 앉았다.

"아들. 이제 곧 초등학교 들어가네. 우리 아들 진짜 많이 컸다. 할머니 말씀 잘 듣고 잘 자라줘서 고마워. 엄마가 할 말이 있는데 놀라지 말고 들어줄래?"

아들은 고개를 끄덕였다.

"우리는 왜 아빠랑 같이 못 사는 줄 알아?"

"아빠 회사가 멀리 있고 엄마도 회사 다녀야 하니까 그런 거잖아."

"있잖아. 미안한데 그동안 엄마가 너한테 숨긴 게 있어. 아빠 회사가 멀리 있는 건 사실이지만 이렇게 너 만나러 자주 안 오고, 와도 우리 집에도 안 들어오잖아.

사실 엄마랑 아빠 헤어졌어. 너 네 살 때 마음이 잘 안 맞아서 헤어지고 엄마랑 너 둘이서 할아버지 할머니랑 같이 사는 거야. 미안해 아들. 그때는 니가 너무 어려서 엄마 혼자 선택했어. 이혼하고 너를 키우면서 둘이 살아도 그게 더 행복하다고 믿었거든. 학교 들어가기 전에 이제 너도 알아야 할 거 같아서 이야기 해주는 거야.

많이 놀랐지?"

"괜찮아. 조금 놀라기는 했지만 엄마가 미안하다고 하지 마.

나는 지금도 좋아.

아빠 없어도 엄마가 나한테 잘해주니까 괜찮아.

그리고 나 엄마랑 아빠 싸우는 거 싫었어.

그래서 지금이 더 좋아."

아들의 말에 눈물이 났다. 어려서 기억 못 할 줄 알았는데 싸우는 엄마와 아빠가 싫었다는 말에 충격이었다. 여덟 살이면 아직 어리광 부리고 신나게 놀아야 할 나이인데 철이 빨리 든 아들의 말에 그동안 숨겨두었던 미안함과 죄책감이 조금은 줄어들었다. 솔직하게 사실을 말하고 나서 아들과 훨씬 더 친해지고 비밀이 없어져서 좋았다.

초등학생이 된 후 학부모 모임이 있는 어느 날이었다.

엄마들이 모여서 제일 많이 하는 게 뭔지 다들 알고 있겠지만 시댁 흉보기, 남편 이야기, 자식 자랑이다. 시댁 흉보기와 남편 이야기에 열을 올리는 엄마들 속에서 그저 듣기만 하고 있는 나를 만났다. 불쑥 내 마음에서 감정들이 올라왔다. 잊고 있었던 시댁 어른들에 대한 서운함, 아이 아빠에 대한 원망, 앞으로 잘 살 수 있을까 하는 두려움. 시간이 흘러서 없어진 줄 알았는데 다른 사람들의 이야기를 들으면서 알았다.

아직 내 마음속에 찌꺼기가 있다는 것을.

그 날 이후, 한 가지씩 내 마음을 들여다보고 글을 썼다. 입장 바꿔 생각도 해보고, 지금 내 모습을 있는 그대로 인정하고 바라보면서 찌꺼기를 흘려보냈다. 부모님께 상처덩어리 딸로 남지 않기 위해서 세상을 향해 당당하게 내 모습을 드러내고, 아들에게 부끄럽지 않은 엄마가 되기 위해서 매 순간 진심으로 살아가는 나를 만나기 위해 노력했다. 지금도 마찬가지다.

　글쓰기로 나에게 솔직해지는 용기를 배웠다.

　글쓰기로 나를 관찰하는 여유를 배웠다.

　글쓰기로 타인의 시선에서 이해해보는 노력을 배웠다.

　그래서 앞으로도 지금처럼 계속 글을 쓸 것이다. 더 나아가, 싱글맘들에게 함께 글을 쓰자, 외칠 것이다. 나와 아이 모두를 잘 보살펴줄 수 있는 방법이 글쓰기이기 때문이다.

　남의 시선이 부끄러워 싱글맘이라는 사실을 숨기기 바빴던 지난 시간들을 글쓰기로 토닥여준다. 그리고 이제는, 세상 어디에도 없는 김민주나 자신을 인정하고 사랑하는 멋진 사람으로 남은 인생을 살아낼 거라 다짐한다.

글쓰기와 인생의 본질은 똑같다.
뭔가를 발견하는 항해라는 점에서 특히 그렇다.

헨리 밀러

나눌 수 있는 기회 :
내가 좋다

싱글맘이 되고 처음에는 죽을 만큼 아팠다. 남의 시선도 두려웠다. 잘 웃고 당당했던 나는 없어지고 그늘진 얼굴에 사람들을 만나는 것조차 두려워하는 자존감 바닥인 내가 있었다. 이혼을 한 내가 부끄럽고 한심했다. 그리고 조금씩 세상에 나를 숨기기 시작했다.

나의 유일한 희망인 아들을 잘 키우기 위해 애써 태연한 척 직장생활을 이어가고 있었지만 예전처럼 웃을 일이 없었다. 아니, 웃을 수가 없었다. 오랜 시간 함께 일해온 동료들이 내 상황을 누구보다 잘 알고 있는데 아무 일 없다는 듯이 행동할 수 없었다.

근무시간에도 꼭 필요한 말 이외에는 하지 않았고 퇴근 후 회식이 있을 때마다 아들 핑계를 대면서 빠지기 시작했다. 나름대로 직장생활을 잘 해오던 내가 달라지기 시작했다.

집, 회사, 아들만 생각하고 이혼 후 몇 해를 동굴 속에 갇혀 살았다.

그런 나에게 어느 날, 지금의 내 현실을 드러내어 나와 같은 사람들에게 조금이라도 나눌 수 있는 멋진 기회가 생겼다. 내 삶을 글로 표현해보라는 제의를 받았고 나는 내 마음 속 깊은 곳에 숨겨두었던 아픈 상처를 글로 쓰기 시작했다. 쉽지 않은 선택이었기에 몇 번이나 포기하고 싶었다.

글 쓰는 것은 좋아했지만 굳이 내 이야기를 공개적으로 하고 싶지 않은 마음이 더 컸던 탓인 것 같다. 글을 쓰면서 싱글맘과 관련된 책들을 많이 찾아보았다. 생각보다 세상에는 나와 같이 살아가는 사람들이 많다는 사실을 알게 되었다.

그리고 이혼은 하지 않았지만, 부부관계가 원만하지 못한 사람들이 많다는 것, 이혼을 생각하는 사람들이 많다는 것도 알게 되었다.

내가 싱글맘이라는 사실을 주위에 알리기 시작하면서 질문도 많이 받게 되고 나의 경험도 나눌 수 있는 기회들이 생겼다.

싱글맘을 선택한 나에게 대단한 용기를 가져서 부럽다는 사람들.

힘들 텐데 어떻게 살아가고 있는지 걱정된다는 사람들.

지금 부부 관계가 힘든데 어떻게 하면 좋을지 모르겠다는 사람들.

나와 같은 생활을 하고 있는 사람들이 내 글을 읽으면서 함께 공감을 해주었다.

정상적인 부부생활을 하는 사람들은 이해하기 힘든 삶이지만 내 글을 통해서 다른 삶을 사는 사람들에게 용기를 주는 사람들이 생기기 시작했다.

내가 싱글맘이라는 사실을 주위에 속이고 살았더라면 이런 나눔을 할 수 있었을까?

누군가에게 나의 경험이 도움이 될 수 있다는 것을 알 수 있었을까?

처음에는 쉽지 않은 결정이었지만 주위 사람들이 도움이 된다고 말해줄 때, 그리고 무엇보다 내가 변화할 때 나눔의 기쁨을 확실히 알게 되었다.

세상에 나를 당당히 드러낸 후 다시 예전처럼 웃을 수 있는 나를 보는 가족들도 좋아했다. 무엇보다 울보 엄마에서 웃는 엄마로 변하니까 아들이 제일 좋아했다. 마음속에 꽁꽁 숨겨놓은 사실을 털어내면서 나보다 더 힘든 상황에 있는 사람들에게 내 경험과 조언이 도움 될 수 있다는 사실에 나도 행복했다.

이 글을 읽는 누군가 이런 말을 할지도 모르겠다.

"나 원 참. 이혼 한 게 무슨 자랑이라고 이런 걸 나누어서 도움을 준다는 건지 웃기고 있네." 경험해보지 않은 사람들은 이런 생각을 하는 게 당연한지도 모르겠다.

반대로 나와 같은 삶을 살고 있는 사람들에게는 각자의 경험이 큰 도움이 된다는 사실을 나는 알고 있다. 직접 겪어보지 못한 일이니까 100% 공감할 수는 없겠지만, 싱글맘에게 언제든지 일어날 수 있는 일들을 나누면서, 내 이야기를 들어주는 상대보다 내가 더 많이 받기도 한다는 신기한 경험을 하게 되었다. 이게 나눔의 매력인가 싶을 만큼 많이 배울 때도 있다.

어두운 동굴 속에서 빠져 나오기까지 거의 8년이라는 시간이 흘렀다. 글을 쓰기 시작하면서 없던 용기도 생기고 오기도 생겼다. 뒤에서 손가락질 하는 사람들도, 나를 동정하는 시선으로 바라보는 사람들도 이제는 편안하게 받아들일 수 있을 만큼 마음이 단단해져가고 있다.

가끔은 불편한 시선들 속에서 헤매기도 하고 도망가고 싶기도 하지만, 나눌 수 있는 기회를 통해서 예전의 나를 찾아갈 수 있다는 것을 알았다. 그리고 나에게 조언을 구하는 사람들에게도 담담하게 내 경험을 나누고 이혼을 선택하기 전에 신중하게 더 고민해보라고 말도 해줄 수 있다.

나는 이미 이혼을 했지만 아직 기회가 있는 부부들에게 최선의 방법을 한 번 더 찾아볼 수 있도록 안내자가 될 수 있는 내가 대단하다는 생각이 든다. 싱글맘으로 살면서 많이 지치고 힘들었던 경험도 나누고, 아들과 함께 하는 시간이 많으니까 상대적으로 훨씬 더 소통이 잘 되는 엄마와 아들로 살아갈 수 있는 긍정적인 경험도 나눌 수 있다.

내 삶을 나누면서 이런 생각이 들었다.

'싱글맘이 아니었다면 아들과 이렇게 오랜 시간을 함께 할 수 있을까? 아들과 자주 대화하고 서로의 속마음을 이야기 할 수 있을까?'

싱글맘으로 살아간다는 것이 어렵고 힘들지만 때로는 이런 긍정적인 상황도 있다는 것을 알게 되었다. 이 또한 글을 쓰고 여러 사람들에게 나눔을 하면서 배운 것이다.

나눌 수 있는 기회로 한 걸음 더 성장하는 내가 되었다.

지금 이 순간, 현실을 인정하고 나를 사랑하고 이런 내 모습을 누군가에게 나누면서 상대에게 조금이라도 희망을 전해줄 수 있는 내가 좋다.

나에 대한 자신감을 잃으면
온 세상이 나의 적이 된다.

3

또 다른 세상 :
일기만 쓰고 있었다면

어릴 때부터 글쓰기 좋아하고 책을 좋아했지만 바쁘다는 핑계로 현실에 파묻혀 살아가고 있는 나에게 뜻밖의 기회가 찾아왔다.

코로나 덕분에 회식도 모임도 못 하게 되는 시기가 되었고, 비대면 세상들이 눈앞에 펼쳐지기 시작했다. 전국에 있는 직원들이 모여서 교육을 받았던 시간도 '줌'이라는 화상 시스템을 통해 집에서 받을 수 있었고, 주말마다 모여서 읽던 독서모임도 휴대폰 하나면 모든 것이 해결되는 세상을 만났다.

말도 안 되는 전염병 '코로나'로 새로운 세상을 만난 것 중에 내가 가장 좋았던 것은 작가 수업을 받을 수 있는 것이었다. 엄마 작가 메이커 '백미정 작가님'을 소개 받게 되었고, 덕분에 나는 어린 시절 꿈이었던 작가의 꿈을 이룰 수 있었다.

내가 사는 대구와는 거의 2시간 이상 떨어져 살고 있는 작가님이었지만 '줌'이 있으니까 뭐든지 다 할 수 있었다. 서로 얼굴을 보고 목소리를 들으면서 글을 고치기도 했고, 나와 같은 꿈을 가진 글 쓰는 사람들을 만나기도 했다. 단체 카카오톡방에 모인 각양각색의 예비 작가들을 보면서 새로운 세상을 보는 눈을 가지기 시작했다.

그동안, 회사와 집만 오가며 내 시간은 없었다. 오로지 아들을 위해 무엇인가를 해야 한다는 압박감으로 지내던 세상이었고, 누군가의 이야기를 들을 시간도 없었다.

아니, 의도적으로 내가 피했다는 게 정확한 표현인지도 모르겠다. 싱글맘으로 산다는 게 창피하고 아들에게 미안한 마음에 그냥 숨어서 지냈다.

이런 나에게 글쓰기는 완전히 새로운 세상을 만나게 해주었다. 함께 글을 쓰는 사람들 중에는 정말 대단한 분들이 많았다. 영어 필사를 주제로 책을 쓰는 사람, 에니어그램 강사, 직업상담사, 감정 코치, 아이 셋을 키우는 대단한 엄마……. 나와는 비교되지 않는 쟁쟁한 직업과 능력을 갖춘 많은 사람들을 간접적으로 만날 수 있었다.

처음에는 주눅이 들었다. 하지만 시간이 지나면서부터 각자의 삶에 충실한 사람들을 보면서 배우고, 나 역시 지금 이대로 괜찮은 사람이라고 스스로 칭찬해가며 조금씩 변화되는 세상으로 이동하기 시작했다.

"엄마, 오늘은 왜 글 안 써? 무슨 일 있어?"

일주일에 세 번 이상은 컴퓨터 앞에 앉아 있던 내가 회사일이 바쁘다는 이유로 글쓰기를 조금 등한시 했더니 아들이 물어온다.

'엄마인 내가 글 쓰는 거, 특히 주제가 자기 이야기를 쓰는데 싫은 거 아니었나? 안 보는 척 하면서 다 보고 있었네.' 많은 생각들이 머리를 스쳐갔다.

"아들, 엄마가 글 쓰는 거 싫지는 않아? 너랑 엄마 이야기 쓰는 건데 혹시 니가 아는 누군가가 이 책 볼 수도 있는데 괜찮아?"

"괜찮아. 지난번에도 물어봤잖아. 나 엄마만 있어도 행복해."

아들의 말에 또 가슴이 찡하게 아려온다. 올해 중학교에 입학해서 적응하느라 힘들 텐데 언제 이만큼 커서 엄마인 나를 이해하고 위로해주는

지 참 고맙다.

'예전처럼 나 혼자 일기만 쓰고 있었다면 이런 이야기를 아들과 할 수 있었을까? 아들의 속마음을 들을 기회가 있었을까?' 문득 책 쓰기를 시작한 것이 정말 잘 한 일이라는 생각이 들었다. 늘 만나던 사람 말고, 이렇게 전국 각지에 있는 사람들을 만날 기회도 없었을 테니까 코로나가 고맙기까지 했다. 코로나 덕분에 내 시간이 생겼고, 화상 시스템 덕분에 언제 어디서나 휴대폰만 있으면 얼굴을 보면서 하고 싶은 일을 할 수 있는 세상을 만났다.

『나는, 독서하는 싱글맘입니다』라는 제목으로 내 책이 세상에 나온 2021년 12월, 상상도 못한 새로운 세상에 첫 발을 내디딘 초보 작가였던 내가 어느새 두 번째 책을 쓰고 있다.

거기다 '공저 프로젝트'에 참가하면서 또 한 번의 낯선 세상 속으로 뚜벅뚜벅 걸어가고 있다.

싱글맘이라는 사실을 숨긴 채 하루하루 아프게 살아가던 시간들이 글쓰기를 통해서 조금씩 치유 받고, 작가라는 이름으로 나와 같은 환경에 놓여 있는 사람들에게 희망을 줄 수 있는 세상!

중1 아들과 스스럼없이 대화하는 엄마가 될 수 있는 힘을 길러준 글쓰기 세상! 이 모든 중심에 내가 서 있음에 너무 고맙고 감사하다. 앞으로 펼쳐질 또 다른 세상에 당당히 맞서 이겨낼 김민주! 참 멋지다.

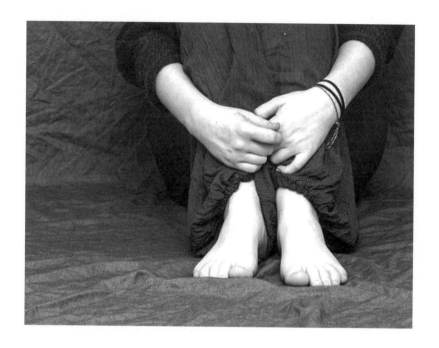

만약 당신이 한 번도 두렵거나 굴욕적이거나 상처 입은 적이 없다면,
그렇다면 당신은 아무런 위험도 감수하지 않은 것이다.

줄리아 소렐

4

쓰는 기쁨 버리는 행복 :
어때요?

어릴 때부터 책을 좋아했다. 독서와 함께 지금까지 꾸준히 일기를 써 오고 있다. 독서와 글쓰기는 일상 그 자체였다. 하지만 작가가 된다는 건 꿈에서나 가능한 일이라 생각했고 현실 또한 만만치 않았다. 글 쓰는 자체로 기쁨을 누렸다. 글을 쓰면서 짜증나는 일도 털어내고 화나는 일도 잊어버릴 수 있어서 행복했다.

초등학교 때 특별활동은 무조건 글 쓰는 곳으로 선택했다. 문예반 활동을 꾸준히 하면서 상도 많이 받고 학창 시절을 즐겁게 보낼 수 있었다.

넉넉하지 않은 가정 형편에 오빠와 남동생은 인문계 고등학교에 진학해서 대학을 갔다. 하지만 나는 실업계 고등학교에 진학해 고3 학생 신분으로 취업을 했다. 처음 하는 직장생활에 적응하느라고 책 읽을 시간이 없었다. 그래도 일기만큼은 꾸준히 썼다.

그렇게 세월이 흐른 뒤 2019년 9월 어느 날, 책 쓰기 수업을 들을 수 있는 기회가 생겼다. 나에게 기회가 주어진 것에 감사했고, 가르침대로 글을 썼다. 그리고 2020년, 첫 번째 책을 출판했다.

나의 개인적인 삶을 기록한 책이어서 세상에 알릴 용기가 없었다. 하지만 책을 쓰면서 내 마음의 상처를 버릴 수 있어서 행복했고, 예나 지금이나 글을 쓸 수 있다는 것이 기쁘고 감사했다. 그렇게 첫 번째 책은 소장용으로 두고 새로운 책 쓰기 코치를 만나게 되었다.

지금 나에게 책 쓰기 코칭을 해 주고 계시는 '백미정 작가님'이다. 작가님을 만나고 난 후 나는 글쓰기가 더 기쁘고 즐거워졌다. 나의 글을 읽고 난 후 첫 독자로서 매번 피드백을 해주셨다. 내 삶과 태도를 애정 해 주면서, 내 책을 읽게 될 미래의 독자들을 축복해주기도 했다.

덕분에 예전보다 더 편안하게 글을 쓸 수 있었고 2021년 12월, 두 번째 책을 출판했다.

백미정 작가의 코칭으로 출판한 두 번째 책은 당당하게 세상에 내어

놓았다.

'싱글맘'이라는 사실을 책이라는 형태로 기록하여 세상에 내어놓으면서 부끄럽기도 하고, 가족들에게 피해를 주게 될까 봐 두려운 마음도 있었다. 그렇지만 응원해주는 소중한 지인들 덕분에 용기 내어 글을 쓰고 출판까지 하게 되었다. 기쁨의 눈물이 흘렸다.

힘든 시간들을 잘 견뎌낸 나에게 고마워서 울고, 한없는 사랑으로 나를 보듬어 주신 부모님께 감사해서 울고, 부족한 엄마를 믿고 따라주는 아들에게 미안함과 고마움이 동시에 생겨났다.

내 마음 속에 커다란 상처로 남아 있던 '이혼녀'라는 사실을 드러내고 나니 마음의 짐을 버릴 수 있었다. 결혼 후 이혼을 결심하기까지 아프고 힘들었던 시간을 글로 토해내면서 조금은 마음이 편안해진 것이다.

글쓰기의 힘, 참 대단하다. 어릴 때부터 그냥 글 쓰는 게 좋아서 일기를 써왔고, 책을 좋아해서 닥치는 대로 독서를 하던 나였다. 이런 내가 작가가 되면서 또 다른 경험들을 하게 되니 얼마나 감사한지 모른다.

글을 쓰면서 느끼게 되는 기쁨과 동시에, 마음에서 털어내면서 얻어지는 행복을 경험할 수 있는 글쓰기는 누구나 할 수 있는 일이라고 생각한다. 새로운 도전에 대한 첫 걸음이 힘든 일이지, 뭐든지 시작하고 나면 어떻게든 되는 게 세상일이 아닐까 싶다. 싱글맘인 나도 세상을 향해 당당하게 드러내는 용기를 가졌으니까, 누구라도 글쓰기에 도전할 수 있지 않을까? 나처럼 싱글맘들은 더 힘들고 두려운 삶을 살아가고 있을지도 모르겠다. 그래서 싱글맘들에게 말하고 싶다.

"싱글맘 여러분, 우리 같이 글 써요. 꼭 책으로 출판하지 않아도 괜찮아요.

글을 쓰면서 나를 만나고, 나를 쓰담쓰담 해주면서 기쁨을 느껴보세요.

토닥토닥 어깨를 두드려주면서 어깨 위에 놓인 무거운 짐을 이제 버려보자고요.

저는 싱글맘으로 살아 온 지 10년이 되었네요.

스스로 나를 인정하고 이해하기 위해, 그리고 살기 위해 글쓰기를 시작했어요.

여러분도 각자의 삶을 스스로 응원하기 위해 함께 글쓰기 해보는 거. 어때요?"

삶, 별 것 있나.

살아내다 보면 희로애락 다 겪게 되는 것.

기쁜 일 있으면 슬픈 일 있고 행복한 일 있으면 불행한 일 있는 것.

글쓰기, 별 것 있나.

쓰다 보면 희로애락 다 만나게 되는 것.

버려야 할 글쓰기가 있으면 채워지는 글쓰기가 있고

나 혼자 읽고 싶은 글쓰기가 있고 많은 사람들이 읽었으면 하는 글쓰기도 있는 것.

그렇게 삶을 살고 글을 쓰면서 기뻐하고 행복하자.

작가에게 눈물이 없다면
독자에게 눈물도 없다.
작가에게 놀람이 없다면
독자에게 놀람이 없다.

로버트 프로스트

3장

독서의 힘, 믿으세요 :
교양 있는 여자로 살아가기

3분만 더 :
내 기준 돌아보기

참을 수 있는 한계점보다 3분 더 참아라 : 부모가 참아준 만큼 아들이 자라는지도 모른다.

첫째, 아들에게 상황을 인식시킨다.

둘째, 할 건지 말 건지, 선택하게 하고, 그 행동에 대한 보상을 일러준다.

셋째, 아들이 행동에 옮길 때까지 최대한 기다리고, 그보다 3분 더 기다린다.

– 출처: 박형란 지음. 『엄마가 절대 모르는 아들의 사춘기』, 미래문화사

어린 시절부터 하루에 있었던 모든 일들을 나에게 재잘 재잘 애기해 주던 다정한 아들이 초등학교 6학년이 되면서부터 조금씩 변하기 시작했다. 내가 뭐라고 하면 바로 행동하던 아들이 달라지기 시작했다.

"아들, 오늘 학교 잘 갔다 왔어? 숙제는 없어? 준비물은?"

퇴근 후 컴퓨터 앞에 앉아 있는 아들에게 질문했다. 아들의 눈과 귀는 컴퓨터에 집중되어 있었다. 나에게는 눈길 한번 주지 않고 대답도 전혀 하지 않았다. 상상도 못하던 일이었다.

'이게 뭐지? 이제 정말 사춘기 시작인가? 아니면 무슨 일이 있었던 걸까?' 나의 불안과 동시에 아들의 방문이 닫혔다. 묻는 말에 대답은 하지 않고 열려 있던 방문이 굳게 닫히는 모습을 보면서 순간 화가 났다.

"너 지금 뭐하는 거야? 엄마가 이야기하는데 문은 왜 닫고 대답은 왜 안 해?" 내 목소리는 점점 커져 가고 있었다. 정확히 말하자면 소리를 질렀다. 방문이 스르르 열리고 아들의 화난 얼굴이 눈에 들어왔다.

"너 뭐 잘 했다고 지금 화내는 거야? 엄마가 뭐 잘못했어?"

"아니. 엄마가 잘못한 건 아니지만 나 지금 놀고 있잖아. 좀 이따가 물어봐도 될텐데……. 엄마는 나 보면 숙제 말고 물어볼 게 없어?" 평소 늘 하던 질문이었고 대답도 잘 하던 아들이었기에 갑작스런 아들의 반응에 당황했다. 아들의 말이 맞긴 맞았다. 힘들게 공부하고 학교 다녀왔을 텐데 나는 왜 아들의 마음을 먼저 생각하지 않았을까? 늘 아들의 마음을 먼저 이해한다고 자신했던 내가 부끄러웠다. 아들에게 사과를 했다.

"미안해. 엄마가 늘 네 입장 이해한다고 하면서 엄마 생각만 했네. 신나게 놀고 나서 엄마 질문에 대답해줘."

"엄마, 나도 미안해. 오늘 학교에서 좀 늦게 와서 컴퓨터 본 지 얼마 안 됐는데 엄마가 숙제 얘기만 해서 화가 났어."

다시 예전의 아들로 돌아온 것 같아서 기분이 좋았다. 가슴이 쿵 내려앉은 불안감을 뒤로 하고 아들과 맛있는 저녁을 먹었다.

다시 일상으로 돌아와서 지내던 며칠 후 나에게는 오빠, 아들에게는 큰 외삼촌의 생일 파티를 하러 가기로 했다. 약속시간과 이동거리를 아들에게 미리 알려주었고 준비하라고 했다. 내 마음은 바쁜데 아들은 느긋하게 휴대폰 게임을 하고 있었다.

"아들, 빨리 준비해. 주말이라서 차가 밀리면 약속 시간에 늦어. 게임은 갔다 와서 또 해도 되잖아. 삼촌 식구들 다 기다리게 하면 안 되잖아."

바쁘게 움직이는 나는 쳐다보지도 않고 아들은 꼼짝도 안 히고 휴대폰 게임에만 열중했다. 시간이 흘러 갈수록 나의 인내심에 한계가 느껴졌다. 약속시간 30분 전 나는 인내심의 바닥을 드러내고 소리를 질렀다.

"가기 싫으면 가지 마. 엄마 혼자 갈게."

내 목소리에 아들은 드디어 휴대폰을 손에서 놓고 준비하기 시작했다.

"엄마, 아직 30분이나 남았어. 거기까지 가는데 20분이면 충분한데 엄마는 왜 이렇게 자꾸 소리 지르고 잔소리 하고 그러는 거야? 나는 이럴 때는 엄마가 미워. 내 마음 잘 읽어주겠다고 하면서 왜 엄마 기준에서 자꾸 화내는 거야?"

아들의 말에 정신이 번쩍 들었다.

'맞다. 나는 아빠 없이 아들을 키우는 싱글맘이어서 아들의 사춘기를 전혀 모르니까 그걸 알기 위해서 오빠와 남동생에게도 물어보고, 아들을 미리 키운 친구들에게 물어도 보면서 마음을 알려고 노력하고 있잖아. 그걸로 부족해서 『엄마가 절대 모르는 아들의 사춘기』책을 읽으면서 배우고, 실행하면서 살고 있었는데 아들 말대로 왜 내 기준에서만 생각했을까?' 부모가 참아 준만큼 아들이 자란다는데, 참을 수 있는 한계점보다 3분만 더 참으라고 했는데, 나는 오늘도 내 생각대로 아들에게 잔소리를 하는 엄마가 되었다.

사춘기를 겪고 있지만 엄마에게 당당하게 얘기하는 아들이 좋다. 싱글맘의 아들로 살면서도 기죽지 않고, 공부하는 엄마를 자랑스럽게 생각해주는 아들이 좋다. 잔소리를 무척 많이 하는 '나'이지만 엄마가 널 이해하기 위해서 이런 책도 읽고 있다고, 더 많이 노력하겠다고 아들에게 말할 수 있는 나도 좋다.

함께 살아온 시간보다 살아 갈 시간이 훨씬 더 많은 싱글맘 엄마와 아들! 오늘도 잔소리하다가 아들에게 한 방 먹고 웃을 수 있는 나는 행복한 싱글맘이다.

아들, 오늘도 엄마가 널 더 이해하고 정신 차릴 수 있게 해줘서 고마워.

우리 지금처럼만 행복하게 살자. 사랑해 아들!

절대적으로 강자인 내가 철저히 약자인 누군가에게
가슴 깊이 우러나는 존중감으로 최선의 배려를 하는 것,
자식이 아니면 내가 누구를 상대로 이런 사랑을 해보겠는가.

정수연, 『처음부터 엄마는 아니었어』, 어크로스

2

싱글맘의 3단계 대화법 :
물어보고 경청하고 인정하기

아이를 어떤 환경에서 키울 것인가는 부모가 결정해야 한다.

늘 분노하는 환경에서 자라면 화를 잘 내는 아이가 될 것이고, 언쟁이 벌어지는 환경이라면 자주 언쟁하는 아이가 될 것이다.

아이의 눈앞에서 부모가 감정을 억제하지 못하면 자제력이 없는 아이가 된다.

– 출처: 웨인 다이어 지음.『아이의 행복을 위해 부모는 무엇을 해야 할까』. 푸른 육아

큰 숙모(외숙모)의 생일이라 축하해주기 위해 가는 차 안에서 뜬금없이 아들이 질문을 했다.

"엄마. 나 궁금한 게 있는데, 우리도 조손가정이야?"

"아니. 그런데 너 조손가정 이라는 말 어디서 들었어? 혹시 무슨 뜻인지 알아?"

나의 질문에 아들이 대답했다.

"아니. 무슨 뜻인지는 잘 모르겠지만 별로 좋은 것 같지는 않고, 나 오늘 국어 보충수업 하는 날이잖아. 선생님이 이야기 해주셨어."

"아, 그렇구나. 엄마는 갑자기 니가 그런 질문해서 좀 당황했어. 맞아. 니가 느낀 그대로 좋은 뜻은 아닌 거 같아. 엄마가 설명해줄게. 조손가정은 부모님이 돌아가시거나 아니면 헤어져서 아이들을 키울 수 없는 상황에 할아버지 할머니가 아이들 키우면서 사는 가정이야. 무슨 말인지 알겠어?"

"그럼 엄마. 나는 어떤 가정이야? 선생님이 조손가정과 한 부모 가정도 있다고 했거든."

"너는 엄마가 있으니까 조손가정은 아니고, 말 그대로 아빠나 엄마 두 사람 중 한 명만 있는 한 부모 가정이야."

"엄마. 그럼 우리 지원 뭐 받고 살아? 선생님이 한 부모 가정도 나라에서 지원해준다고 했어. 방과 후 수업료도 지원 받고 여러 가지 지원 받을 수 있다고 하던데 우리가 지원 받는 건 뭔지 궁금해."

"우리는 지금 아무것도 지원 못 받아. 니 말대로 한 부모 가정이기는 해도 엄마가 월급이 좀 많은 편이어서 나라에서 지원은 안 해줘."

"그런 게 어디 있어? 우리도 한 부모 가정인데 지원해줘야지. 뭔가 잘 못 됐어."

"맞지? 엄마도 그렇게 생각해. 한 부모 가정은 무조건 월급을 적게 받는 곳에서만 일해야 한다는 법은 없잖아."

이런 이야기를 나눌 수 있을 정도로 잘 성장해준 아들에게 고마웠다. 그리고 우울하고 최선책이 없는 환경을 가르쳐줄 수밖에 없어 미안하기도 했다. 현재 아들이 받고 있는 국어 수업은 저소득 가정 학생을 우선으로 국어 교과 선생님이 직접 지도해주시고 있다. 그리고 인원이 남으면 모든 학생들에게 기회가 주어진다. 선생님 생각에 친구들 대부분이 저소득 가정이라 여기고, 부모들이 말하기 어려운 부분을 대신해서 이야기해주신 것 같았다. 아들에게 다시 물었다.

"엄마랑 아빠가 이혼해서 이렇게 살고 있는 거 어때? 많이 속상하지?"

"가끔 속상하기도 하지만 괜찮아. 나 엄마랑 아빠 싸우는 소리 많이 들었고, 싸우는 것도 싫었거든. 그리고 엄마가 자꾸 우는 것, 아빠가 말도 안 되는 잔소리 하는 것도 싫었어. 삼촌들이 얘기했어. 엄마가 아빠한테 맞기도 했다고. 너무 화가 났어. 나는 엄마만 있어도 괜찮아. 엄마는 내 마음도 잘 이해해주고 내가 하고 싶은 일은 다 하게 해주잖아. 그리고 지금은 엄마가 잘 웃고 나하고 놀러도 자주 다니고 해서 좋아. 아빠는 이혼하고 다시 결혼했는데 엄마는 혼자서 나 키워주는 것도 고마워."

아들의 말에 깜짝 놀랐다. 아들이 네 살 때 이혼을 했으니까 전혀 기억을 못 할 줄 알았는데 아이 아빠와 내가 싸우는 것을 알고 있다는 사실에 놀랐다.

'계속되는 부부 싸움 속에 아들이 지금까지 자랐다면 과연 어떤 모습으로 변해 있었을까? 매일 화내는 부모의 모습을 보면서 화내는 아이로 자란다면, 폭력을 사용하는 모습을 보면서 폭력성이 강한 아이로 자란다면, 불만 가득한 모습을 보면서 모든 생각이 부정적인 아이로 자란다면 또 어떠했을까?' 생각만 해도 겁이 났다. 아들이 어떻게 자랄지 겁도 났지만, 내가 만약 이혼을 선택하지 않고 그대로 살고 있었다면 지금쯤 나는 이 세상 사람이 아닐 수도 있을 거다.

한 부모 가정이지만 누구보다 아들에게 따뜻한 사랑과 정성을 쏟고, 엄마에게 고맙다고 말해주는 아들이 있어서 지금 이 시간이 오히려 감사했다. 옛날부터 어른들이 가정환경이 중요하다는 이야기를 왜 그렇게 많이 했는지 내가 싱글맘이 되고 나니 몸소 느낄 수 있었다.

아들을 위해서라면 뭐든지 다 할 수 있다고 생각했다. 그래서 결심한 이혼이었지만 나 역시 만만치 않은 현실에서 힘든 때도 많았다. 주위 사람들이 재혼을 이야기 할 때마다 단호하게 거절했다. 결혼생활, 너무 힘들었다. 다시는 반복하고 싶지 않았다.

중학생이 된 아들과 대화를 하면서 문득 이런 생각이 들었다.

'나는 지금 이대로 괜찮은 걸까?' 그리고 곧 '나는 괜찮다'라는 답을 얻을 수 있었다. 하지만 '아들은 괜찮을 걸까?'라는 질문에 대한 답은 쉬이 내릴 수 없었다. 아들에게 직접 물어보았다.

"아들, 엄마랑 아빠 이혼하고 엄마랑 이렇게 사는 거 괜찮은 거 맞아? 혹시 아빠는 재혼을 했는데 엄마는 재혼을 안 해서 니가 불안해서 같이 있어 주는 건 아니야?"

"어. 나는 괜찮아. 친구들 중에도 엄마나 아빠하고 사는 친구들도 있고, 엄마가 말했듯이 부모님이 다 안 계시고 할아버지 할머니랑 사는 친구들도 많아. 거기에 비하면 나는 좋지. 일단 엄마가 내 말을 다 들어주고 늘 친절하게 잘 해주잖아. 지금도 나는 충분히 좋아."

의젓한 아들의 말에 고마움의 눈물이 흘렀다. 엄마인 내가 먼저 하기 힘든 이야기인데, 아들의 국어 선생님이 알려주신 덕분에 이렇게 깊은 대화를 할 수 있어서 감사했다.

"아들, 엄마는 국어 선생님한테 참 고맙네. 엄마가 먼저 한 부모 가정 이라는 이야기하기 힘들었거든."

"괜찮아. 엄마, 지금도 우리 잘 살고 있잖아. 그리고 엄마, 나 국어 선 생님한테 햄버거 먹고 싶다고 했더니 방학하기 전에 사 주신다고 했어." 갑자기 이건 또 무슨 소리인가?

"아들, 니가 선생님한테 햄버거 사 달라고 했어? 집에서도 자주 먹었잖 아."

"그냥 갑자기 먹고 싶어서 선생님한테 말씀 드렸거든. 그런데 선생님 이 왜 햄버거가 먹고 싶냐고 물어 봐서 엄마가 집에서 배달음식 잘 안 사 준다고 했어." 아들의 말에 헛웃음이 났다.

"너 먹고 싶으면 거의 다 먹었으면서 왜 그런 말을 했어? 그러니까 선 생님께서 네가 진짜 저소득층 가정인 줄 알고 그런 설명도 해주고 햄버 거도 사 준다고 하셨구나. 이제야 알았어. 선생님이 너 저소득층 가정이 라고 생각해도 괜찮은 거 맞아?"

"선생님이 그렇게 생각하면 하는 거지 뭐. 나 저소득층 가정 아니잖아.

엄마 말대로 하고 싶은 거 다 할 수 있고 먹고 싶은 거 다 먹을 수 있는데 뭐. 그래도 내가 말해서 햄버거 먹을 수 있으니까 좋은 거지." 단순한 아들의 생각에 그냥 웃어버렸다.

현재의 내 상황을 있는 그대로 받아들이고, 선생님께도 당당하게 얘기할 수 있는 아들의 용기에 박수를 보낸다. 그런 아들을 바라보면서 더 당당하고 바르게 살아가는 엄마가 되어야겠다고 다짐해본다. 싱글맘과 중1 아들은 차 안에서 서로의 마음을 알아가면서 또 한 번 진하게 사랑을 느꼈다.

중요한 건, 상황이 어떻든 행복을 느끼는 사람들이 분명히 있다는 거예요.

이지성, 『지금부터 행복해지는 일』, 스토리3.0

3

세상에서 하나뿐인 나 :
나의 행복을 위해 최선을 다하자

오직 나만 존재하여 나의 가능성이 펼쳐진다. 그리고 당신도 자랑스럽

게 느껴보라.

오직 나만 존재한다는 그 사실을.

모든 것은 당신으로부터 시작된다.

인간이라는 이름을 가진 무한한 그 가능성으로부터.

– 출처: 조성희 지음.『뜨겁게 나를 응원한다』. 생각지도

백마수업(대놓고 돈 공부)을 할 사람들을 모집한다는 안내를 인생 친구 김명희 님을 통해 받았다.

'뭐? 돈 공부를 한다고? 그래도 돈 만지는 일을 하는 직장에 다니고 있는데 돈 공부를 내가 왜 하지?'하는 생각이 들었지만 궁금하기도 했다. 준비물에 보니까 책이 3권 있었다. 『뜨겁게 나를 응원한다』, 『더 플러스』, 『백만장자 시크릿』이라는 책으로 백마수업을 시작한다고 했다.

백만장자 마인드의 비밀을 배우는 백마수업이라는 얘기를 들으니 귀가 솔깃해졌다.

일단 배워보자는 마음으로 백마수업에 등록하고 수업을 시작하면서 매일 한 장씩 『뜨겁게 나를 응원한다』 책을 필사했다. 작가 조성희의 유튜브 영상도 함께 보면서 필사를 하는데 많은 생각이 들었다. 돈 공부를 한다고 시작했는데 마음공부도 제대로 되는 소중한 선물 같은 시간이었다.

특히 제목 그대로 다른 사람이 아닌 '나'를 내가 스스로 응원한다는 것이 낯설었지만 시간이 지날수록 좋았다. 내 나이 49살, 곧 50을 바라보고 있는 이 시점에 지난 시간들을 돌이켜 보니 '나'를 위한 시간은 거의 손가락에 꼽힐 만큼 적었다. 그동안 내 삶의 일 순위는 당연히 아들이었고, 가족이었다. 아들이 웃고 행복하면 나도 행복했고, 가족들이 즐거우면 나도 즐거웠다. 아니 그렇다고 생각했고, 그래야 한다고 믿었다.

이혼을 한 이후에는 더 그랬다. 나 때문에 아들이 아빠 없는 아이가 되었으니 아들을 위해서 모든 슬픔과 아픔은 내가 감당하고 이겨내야 할 몫이라고 생각했다. 그리고 이런 나와 아들의 방패가 되어준 부모님을 위해서라도 나를 위한 시간은 사치라고 생각하면서 살았던 나였다.

싱글맘으로 살아온 지 어느새 10년. 주위 사람들에게 손가락질 받는 게 싫어서 숨기고, 동정 받는 게 싫어서 애써 괜찮은 척 지내왔던 시간들이 스쳐 지나갔다.

'결혼생활도 제대로 이어가지 못하고 이혼한 내가 뭐 잘났다고 나를 위한 시간을 가질 수가 있겠어? 나 때문에 아들은 또 얼마나 속상할까? 친구들에게 아빠 없는 아이라고 놀림 받으면 어떻게 하지? 나 때문에 다른 사람들이 부모님을 흉보면 어떻게 하지? 친구들이나 아는 사람들이 이혼녀라고 손가락질 하면 어떻게 하지?'

내 마음은 늘 어두운 그림자가 가득했다. 그랬기에 당연히 나는 내가 미웠다. 남들은 결혼해서 다 잘 사는데 그러지 못하는 내가 미웠고, 이들에게 짐을 지워준 것 같은 마음에 힘들었고, 부모님께 아픈 손가락이 되어서 죄송했다.

몸도 마음도 지칠 대로 지쳐 있던 시기에 나에게 찾아 온 백마 수업, 그 중에 조성희 작가의 『뜨겁게 나를 응원한다』 책은 한 줄기 빛이었다. 매일 필사를 하면서 나를 찾아가고, 지금까지 남에게 피해 주지 않고 잘 살아낸 나, 아들에게 당당한 엄마의 모습으로 살고 있는 나, 부모님께도 괜찮은 딸로 살아가고 있는 나에게 감사한 마음을 가질 수 있었다. 싱글맘으로 워킹맘으로 새로운 꿈을 향해 도전하면서 사는 나에게 책은 큰 길잡이가 되어주었다.

책 속에서 말했다.

'모든 것은 당신으로부터 시작된다.'

맞는 말이다. 이 세상에 내가 없으면 부모님도 없고 아들도 없다. 내 주위를 둘러싸고 있는 직장도 사람들도 없다. 그래서 모든 것의 시작은 '나'이다. 세상의 중심에는 내가 있다. 알고 있었지만 인정하기 힘들었던 '세상에서 하나뿐인 나'의 소중함을 알게 해준 이 시간이 감사했다.

내가 나를 사랑하려고 마음먹었더니 우는 일보다 웃는 일이 더 많아졌다. 그리고 다른 사람들에게 더 당당하게 내 의견을 내세울 수 있는 용기가 생겼다. 싱글맘이지만 최선을 다해 살아가고 있다고 무시하지 말라는 이야기도 자연스럽게 할 수 있는 자신감이 생겼다.

『나는, 독서하는 싱글맘입니다』 책도 세상에 내어놓았다.

이렇게 나는 아들에게 삶으로 보여주었고, 엄마인 내가 변하니까 아들도 자연스럽게 변했다. 소심하고 내성적이어서 남들에게 싫다는 표현을 제대로 못하던 아들이 당당하게 싫다고 말하기도 하고, "제가 해볼게요." 자신 있게 손 들 수 있는 용기도 가지면서 씩씩해져가는 모습을 보게 되었다.

아들에게는 세상에서 하나뿐인 너 자신을 아끼고 사랑해야 한다고, 니 인생의 주인공은 너라고 귀에 못이 박힐 정도로 얘기하던 나였지만, 정작 나에게는 그런 마음을 심어주지 못했던 시간들을 이번 기회에 만들었다. 아들에게 늘 해주던 말을 오늘은 나 스스로에게 한번 해본다.

"민주야! 니 인생의 주인공은 너야. 그러니까 오늘도 너 자신을 믿고 너의 행복을 위해 최선을 다하자. 사랑한다 김민주!"

나를 숨기지 않는다.
나에 대해 허세를 부리지 않는다.
나를 함부로 내세워 자랑하지도 않는다.
동시에 나만이 피해자인 양 자기 연민을 갖거나 자학하지도 않는다.
나를 남과 비교하지 않는다.

소노 아야코, 『타인은 나를 모른다』, 책읽는고양이

4

고맙다 아들아 :
나의 하루는 또 이렇게

고맙다, 표현하는 법을 배웠다.

나는 이제, 관계 회복 전문가로 거듭나고 싶다.

그냥 지나치게 되는 당연한 것들에게 고마움을 표현하는 것, 기적이
다.

— 이정숙, 『나는야 산타 할머니』, 더로드

어린 시절부터 막연하게 꿈꾸어 온 '작가'라는 타이틀을 내 이름 앞에

붙일 수 있도록 안내해 준 624 독서 모임의 대표, 이정숙 작가님의 세 번째 책 『나는야 산타 할머니』를 만났다. 편안하게 읽히면서도 많은 것을 생각하게 해주는 글을 읽다가 한 곳에서 눈이 멈추었다.

'관계 회복 전문가.' 이게 무슨 의미일까? 내가 알고 있는 이정숙 작가 님은 이미 경제적으로 충분히 여유 있는 부자이고, 많은 사람들에게 영향력을 미치는 대단한 관계 회복 전문가이다. 이런 분이 내 옆에 있다는 것만으로 충분히 고맙고 감사하다. 그리고 늘 함께 있는 아들에 대한 고마움을 다시 한 번 생각하게 되었다.

아들과 몇 주 전부터 바다 구경을 하러 가기로 약속 해놓은 주말, 며칠 전 갑자기 회사에서 임원들과 단합대회를 가자고 했다. 아들과 약속을 먼저 하기는 했지만, 회사라는 곳이 내 개인 사정을 우선시 할 수 없는 곳이기에 퇴근 후 아들에게 어떻게 말해야 할지 고민이 되었다.

아들은 나와 함께 가지 않으면 자가용으로 여행을 함께 해줄 사람이 없다. 다른 아이들처럼 엄마랑 못 가면 아빠랑 갈 수 있는 상황이 아닌 싱글맘의 아들로 자라고 있기 때문에 이런 일이 생길 때마다 나는 유난히 아들에게 미안했다. 죄를 짓는 기분도 든다.

오늘 역시 그랬다. 엄마인 나를 닮아서 바다를 좋아하는 아들이 얼마나 실망할지 벌써 눈에 선했지만 어쩔 수 없는 상황이니 정면 돌파를 선택했다. 저녁을 먹고 아들과 방안에 둘이 앉았다.

"엄마가 할 말이 있어."

"뭔데? 토요일 바다 어디로 갈지 나한테 물어보려고? 이번에는 가까운 데로 가자. 지난번에는 거제도 다녀왔으니까 이번에는 포항 어때?"

내 마음도 모른 채 아들은 신이 나서 말했다.

"있잖아. 엄마 회사에서 토요일 날 이사님들이랑 단합대회 가자고 하네. 그래서 이번 주말에 너랑 한 약속 못 지키는데 어떻게 하지?"

"엄마, 그게 무슨 말이야? 우리 둘이 약속 한지 한참 됐는데. 그리고 회사에서는 어떻게 그런 일을 급하게 결정하는 거야?" 놀란 눈, 툭 튀어나온 입으로 퉁명스레 말하는 아들을 보며 미안함이 몰려왔다.

"그렇지? 엄마도 갑자기 가자고 해서 이사장님한테 얘기 해봤는데 이틀 남았으니까 얼른 준비해서 가자고 하는 거야. 이사님들도 시간 다 된다고 하고……. 그래서 너한테 미안하지만 엄마도 어떻게 할 수 없으니까 말하는 거야. 엄마가 회사에 계속 다니려면 이사장님하고 이사님들이랑 잘 지내야 하니까 니가 좀 이해해줄 수 없을까?"

이야기를 가만히 듣고 있던 아들이 말했다.

"엄마, 어른들은 왜 그래? 뭐든지 자기들 마음대로 해도 된다고 생각하는 거 같아. 엄마도 다른 이모들도 삼촌도 주말에는 가족들하고 보내야 하는데 왜 자기들 좋은 대로만 하는지 모르겠어. 너무 짜증나. 그런데 엄마 말대로 우리 집에는 엄마 혼자서 돈 벌어오니까 어쩔 수 없지. 이사장님 말 안 들어서 엄마 회사 못 가게 돼서 돈 벌어오는 사람 없으면 생활이 안 되잖아."

완전 현실적인 아들의 말에 놀랐다. 다른 친구들처럼 아빠와 엄마가 직장을 다니는 평범한 가정에서 살았다면 이런 고민은 안 해도 되는 건데, 아들에게 괜한 짐을 지워준 엄마가 된 것 같아서 속이 상했다.

자라온 환경 탓인지, 또래 아이들보다 빨리 철이 든 아들이다. 부모의 이혼으로 누구보다 힘들었을 아들이 이렇게 환경을 인정하고 엄마인 나에게 든든한 응원군이 되어주니 얼마나 고마운가?

그럼에도 나는 과연 아들에게 고맙다는 표현을 얼마나 자주 했는가? 오히려 혼을 더 많이 내는 엄마는 아닌지 반성을 하게 되었다.

"아들, 엄마 이해해줘서 고마워. 엄마도 주말에 임원들 따라 가서 대접해야 하는 거 싫고 너랑 놀러 가고 싶어. 그런데 직장을 다니고 있으니까 그것도 업무의 연장이라 생각하면서 해야 하거든. 엄마 다녀 올 동안 집에서 좋아하는 게임 하고 놀아. 다음 주에는 꼭 놀러 가자."

"알겠어. 엄마도 가서 맛있는 거 많이 먹고 와. 나는 신나게 게임하고 있을게. 그리고 할머니 계시니까 내 걱정은 하지 말고."

애어른 같은 아들의 말에 웃음이 났다.

중학교 1학년 사춘기가 오락가락 하는 아들과 싱글맘인 나의 하루는 또 이렇게 서로를 이해하고 응원하면서 마무리 한다.

단 한 번도 상상하지 않았던 싱글맘이 되어버린 현실 앞에 도망가고 싶었고 삶을 놓아버리고 싶었던 순간에도 다시 일어설 수 있게 해 준, 세상에서 하나뿐인 소중한 나의 보물 아들에게 고맙다고 말할 수 있는 엄마.

아빠가 없어서 불편한 부분도 있을 텐데 늘 괜찮다고 말해주는 아들.

엄마 회사 다니느라 바쁘니까 할머니한테 맛있는 거 해 달라고 하고 숙제도 스스로 잘 해놓겠다는 아들. (물론 숙제는 스스로 잘 안 된다)

딸인 나를 위해서 당신들의 인생을 포기하고 힘이 되어주는 든든한 부모님.

싱글맘 김민주의 당당한 삶을 위해 늘 함께 해주는 소중한 가족들이 있어서 나는 오늘도 씩씩하게 하루를 시작해본다.

고맙습니다. 덕분입니다. 감사합니다. 축복합니다.

나에게 혼자 파라다이스에서 살게 하는 것보다
더 큰 형벌은 없을 것이다.

요한 볼프강 폰 괴테

4장

먹고 사는 건 중요하니까요 :
19세부터 49세 지금까지

□

31년 차 최고참 :
포기하지 않았다

　남의 밭을 빌려서 농사를 지으며 우리 삼남매를 키워낸 부모님은 누구보다 부지런하고 바쁘게 사셨지만 어린 시절 우리 집은 가난했다. 하지만 네 살 위의 오빠와 세 살 아래의 남동생과 함께 하는, 부모님의 넘치는 사랑 덕분에 서로 도와가면서 잘 지냈다. 내 친구들은 나를 잘 챙겨주는 오빠가 있어서 부러워했다. 그리고 몸이 약했던 동생을 돌봐주는 나를 보며 동생 친구들은 늘 부러워했다. 그렇게 우리 삼남매는 가끔 토닥토닥 싸우기도 했지만 특별한 사건 사고 없이 잘 자랐다.

삼남매중 유일한 여자인 나는 지금 생각해도 어린 시절부터 욕심이 많았다. 그래서 하고 싶은 것도 많은 아이였다. 초등학교 입학 전까지 다른 친구들처럼 유치원을 가지 못했는데 친구들이 배우는 모든 것이 부러웠다.

그런 마음으로 초등학교에 입학을 하고 나는 공부하는 게 너무 재미있었다. 특히 책을 마음대로 읽을 수 있어서 신이 났다. 친구들이 보면 별로인, 선생님 말씀도 잘 듣는 모범생이었다.

성격이 온순해서 친구들과도 잘 지냈고 공부도 잘 해서 상장도 많이 받았다. 덕분에 중학교에서도 성적은 상위권을 유지했다. 중3 고등학교 진학을 앞두고 담임선생님과 마찰이 생겼다. 그 시절만 해도 학교에서 인문계 고등학교로 아이들이 많이 가는 게 학교의 명예를 알리는 일이었다. 담임선생님에게도 많은 도움이 되었기에 상위권에 있는 내가 당연히 인문계를 진학 할 거라고 선생님은 믿고 있었나 보다. 하지만 나는 집안 형편을 생각해서 스스로 실업계 고등학교를 선택했다.

오빠가 대학을 들어가야 하고, 남동생도 중학교를 같이 다니면서 곧 고등학교 진학을 앞두고 있었기에 나는 인문계 고등학교에 가는 것을 생각하지 않았다. 우리 집 형편을 무시할 수 없었다. 엄마는 나에게 공부하는 거 좋아하고 잘 하는데 인문계 가도 된다고 하셨다. 그렇게 말하는 엄마의 어두운 표정을 읽어버렸다.

"엄마, 괜찮아. 우리 동네가 좀 촌이잖아. 고등학교 가서 진짜 공부 잘 하는 아이들만 모여서 내 성적이 떨어지면 대학도 못 가고, 취업도 못 하고 그러면 재수 하는 것도 힘들 것 같아. 그래서 일단 실업계 가서 취업 하고 나중에 야간 대학 가면 되잖아."

"아이들 셋 중에 니가 제일 공부도 잘 하고 공부하는 것도 좋아하는데 우리 집 형편 생각해서 이렇게 말해주니까 엄마가 더 미안하구나. 그래도 꼭 인문계 가고 싶으면 엄마가 어떻게든 보내줄 테니까 조금 더 생각하고 결정하자." 미안해하는 엄마에게 웃으면서 내일 원서를 쓰겠다고 했다.

담임선생님께 실업계 원서를 쓰겠다고 하니 예상했던 대로 펄쩍 뛰셨다.

"니 성적에 실업계를 간다는 게 말이 돼? 너 지금은 이래도 분명히 후회한다. 너 혼자 결정하지 말고 부모님 모시고 오기 전까지 원서 안 써준다." 선생님은 노발대발 하시면서 부모님을 모시고 오라고 했고, 선생님 앞에서 죄송해할 엄마의 모습을 생각하니 나는 그럴 수가 없었다.

"선생님, 죄송한데요. 부모님이 농사를 짓고 있어서 시간이 없어요. 그리고 부모님하고 다 상의해서 결정한 일이니까 실업계 원서 쓸게요." 된다 안 된다를 서로 반복하다가 결국 선생님은 내가 원하는 대로 원서를 쓰자고 하셨다. 그렇게 나는 실업계 고등학교에 중학교 내신으로 연합고사 시험 없이 원서를 내고 미리 합격을 했다.

친하게 지내던 친구들이 모두 인문계 고등학교로 진학을 해서 속상하기도 했고 자존심도 상했다. 처음 고등학교에 가서는 평소와 다른 상업과 공부가 힘들어서 선택을 후회하면서 성적이 떨어지기 시작했다.

1년을 그렇게 방황하면서 보낸 나는 2학년이 되면서 정신을 차렸다. 취업을 하려면 어떻게 해야 하는지 다시 생각하고 그때부터는 정신 차리고 자격증을 따고 공부를 했다.

고3 가을, 내가 가고 싶었던 새마을금고 공채 시험 소식이 들렸고 응시해서 합격을 했다. 실업계 고등학교는 3학년 2학기부터 취업을 할 수 있었다. 나도 1992년 11월, 지금 일하고 있는 새마을금고에 입사를 하였다. 시험에 합격하고 바로 발령을 받았으니 나에게는 행운이었다. 취업을 목적으로 고등학교를 갔는데 졸업하기도 전에 직장을 다니게 되었으니 얼마나 다행인지 몰랐다.

출근 첫 날, 새로운 도전에 대한 두려움과 긴장으로 선배들을 마주했다. 여자 선배들이 많은 곳이어서 속으로는 다행이다 싶었다. 하지만 나의 착각이라는 것을 아는 데는 시간이 얼마 걸리지 않았다.

19살 어린 나이에 맞이한 새로운 세상은 생각보다 힘들었다. 선배들 마음에 들게 일 하는 것도 쉽지 않았고 각양각색의 손님들을 대하는 일도 생각보다 많이 힘들었다. 특히 여자 선배들의 시샘은 장난이 아니었다. 그 당시만 해도 모든 선배들이 공채 시험을 친 것이 아니라 지역에 살고 있었다. 또 지역 유지들을 통해 들어온 직원들만 일을 하고 있었기에 처음 공채를 치고 들어온 나에게 괜한 경계심도 보였다. 공채를 통해 들어 왔다고 내가 다른 행동을 한 것도 아닌데, 선배들은 이미 방어막을 치고 나를 대했다. 내가 하는 일마다 꼬투리를 잡아서 잔소리 하고, 약속이 있다고 하면 없던 일도 만들어서 퇴근을 시켜주지 않았다. 내가 잘못한 일도 아닌데 나에게 덮어씌우고 억지를 부려가면서 내가 스스로 그만 두도록 일심동체가 되어서 괴롭혔다.

그렇지만 나는 포기하지 않았다. 아니 포기할 수 없었다. 나에게 직장은 생계를 위해 일해야 하는 곳이었다. 잘 견뎌내었다. 아니 버티었다. 손님들에게 혼나고, 선배들에게 혼나고 어렵고 힘든 시간들이 있었지만 그때마다 나는 스스로에게 주문을 걸었다.

'민주야, 어딜 가도 처음은 다 힘들잖아. 특히 돈 버는 일인데 쉬운 게 어디 있겠어? 이 시간만 잘 견디면 틀림없이 좋은 일이 생길 거야. 그리고 너 돈 벌어서 부모님께 도움 되고 싶다고 했으니까 잘 버텨보자.'

그렇게 견디고 버티면서 19살 처음 입사한 새마을금고에서 어느새 나는 31년차 최고참이 되었다. 2005년부터 금고 사정으로 갑자기 실무책임자가 되었고 지금까지 서로 마음을 잘 나눌 수 있는 직원들과 함께 일하고 있다.

19살에 사회생활에 첫 발을 내딛은 나를 받아준 새마을금고에서 지금 49살이 되어서도 일하고 있으니 이 정도면 끈기 있는 사람이 아닌가 싶다. 그리고 이혼을 하고 싱글맘이 되어서도 경제적으로 어려움 없이 잘 살아오고 있으니 얼마나 감사한지 모른다.

16살 중학교 3학년 학생이었던 내가 처음으로 선택한 인생의 출발점이 지금까지 잘 이어져오고 있음에 내가 자랑스럽다. 싱글맘으로 워킹맘으로 나와 아들의 빛나는 미래를 꿈꾸면서 나는 오늘도 행복한 미소로 손님들을 맞이한다. 앞으로도 이런 끈기와 꾸준함으로 내 인생을 최고로 사랑하는 멋진 김민주로 살아보자.

장하다 김민주! 사랑한다 김민주!

사랑하고 일하고, 일하고 사랑하라!
그게 삶의 전부다.

영화 〈인턴〉 중

2

꿈꾸던 대학생이 되다 :
서른 살의 대학생

실업계 고등학교를 진학해서 19살 고3 학생 신분으로 사회에 첫 발을 내딛은 나에게 대학생활을 해보고 싶은 꿈이 늘 함께 하고 있었다. 친구들이 대학을 다니면서 MT를 가고 캠퍼스 생활을 즐기는 시기에 나는 회사로 출근을 하고 밤새워 일을 하기도 했다. 덕분에 친구들이 부러운 적이 한두 번이 아니었고, 어떻게 해서든지 나도 야간에라도 대학교를 가겠다고 다짐했다. 회사에 처음 입사해서는 회사 일에 적응하느라고 대학 진학은 그저 꿈이었지만 시간이 지날수록 내 마음에서는 대학을 가고 싶은 생각이 커져갔다.

　내 나이 서른 살이 되던 해에 드디어 꿈을 이루었다. 산업체 전형으로 회사에서 가장 가까운 곳에 있는 영진전문대학에 원서를 내고 합격을 했다. 비록 전문대이고 야간이었지만 나에게는 너무 기분 좋은 일이었다.

　회사 일이 끝나면 버스를 타고 학교로 가는 길이 마냥 즐겁지만은 않았다. 일이 힘들었던 날은 학교 가는 길이 지치기도 했지만, 회사에서 꼭 야근을 해야 하는 일 외에는 결석도 하지 않았다.

　스무 살부터 육십 살이 다 되어가는 연령대의 학생들이 함께 공부하고 있는 경영학과에서 나는 정말 열심히 공부했다. 하고 싶은 공부였기도 했지만, 내가 번 돈으로 공부를 한다고 생각하니 열심히 하지 않을 수가 없었다.

　공부만 하는 어린 친구들에 비해서 공부할 시간은 부족했지만, 나는 2년 동안 과에서 1,2,3등 안에 들면서 장학금을 놓치지 않았다. 입학 후 첫 학기는 처음으로 일과 공부를 병행하다 보니 전액 장학금을 받는 과 수석은 스무 살 친구가 하였고, 나는 2등으로 50% 장학금을 지원 받았다. 함께 공부하는 과 모든 사람들이 진심으로 축하해주었다. 30대의 나이에 직장을 다니면서도 열심히 공부해서 장학금을 받은 나에게 교수님들도 축하해주었다.

내가 직접 돈을 벌어서 학교 등록금을 내니까 돈의 소중함이 더 절실했고, 시작한 일이니까 조금이라도 더 열심히 공부하고 싶은 나의 욕심 덕분에 가능한 일이었다.

같이 공부하는 우리 과 사람들이 모두 좋은 덕분이기도 했다. 20대 어린 친구들도 시험 때는 서로 도움을 주었다.

나는 20대 어린 친구들에게는 맛있는 밥과 커피를 사 주고 시험 치기 전에 어느 부분이 중요한지 도움을 받아서 공부했고, 나보다 나이 많은 사람들에게는 내가 정리한 내용들을 나누면서 도움을 주기도 했다.

퇴근하고 학교까지 마치고 오면 늘 밤 11시가 다 되어갔기 때문에 피곤하기는 했지만 공부하는 게 재미있었다. 시험기간에는 정말 죽기 살기로 공부도 해봤다. 주말을 이용해서 도서관도 가보고 회사에서도 틈 날 때마다 책을 펼치면서 공부한 덕분에 나는 많은 돈을 들이지 않고 장학금을 받으면서 2학년을 무사히 마칠 수 있었다.

직장을 다니면서 야간에 대학을 갔기 때문에 친구들처럼 대학캠퍼스의 낭만은 누려보지 못했다. MT도 주말을 이용해서 간다면 한번쯤 경험해보고 싶었지만 평일에 가는 상황이라 직접적인 경험은 해보지 못했다.

그래도 30살 늦은 나이에 시작한 대학교 생활은 나에게 또 다른 사람들을 만나게 해준 고마운 곳이었다. 나보다 어린 사람들과 지내면서 배우는 것들, 나이 많은 사람들과 지내면서 배우는 것들이 달랐고 그것을 통해서 내 삶에 변화들을 만들어볼 수 있었다.

졸업한지 거의 20년이 되어가지만 아직도 만나는 사람들이 있는 것 또한 내게는 큰 자산이다. 20살 어리기만 했던 사람들도 어느새 아빠 엄마가 되어서 새로운 삶을 살고 있고, 나이 드신 분들은 이제 할아버지 할머니가 되어서 지내는 분도 있다.

그때의 인연으로 지금까지 만남을 해오고, 서로에게 도움을 주면서 살아가고 있으니 너무 좋다. 친구들처럼 20살 꿈 많던 대학 시절을 보내지는 못했지만, 30살에 시작된 나의 대학 생활은 내가 원하던 공부를 실컷 할 수 있는 감동의 시간이었고, 새로운 경험도 해볼 수 있는 공간이었다.

대학 시절 나에게는 교수님들이 참 많은 도움을 주었다. 일하고 공부하는 나에게 지도 교수님도 많은 배려를 해주었고, 과목별 교수님들도 일한다고 조금씩 늦게 출석하는 경우에도 마이너스 점수를 주지 않는 것으로 큰 힘이 되어주셨다. 나를 좋게 봐주신 교수님들 덕분에 장학생이 될 수 있었던 것 같기도 하다.

대학교 졸업식 학사모를 쓰던 날 회사에서는 오전에 졸업식에 다녀 올수 있도록 배려를 해 주었다. 농사일에 늘 바쁜 부모님은 내 초등학교 졸업식 때도 오지 못했고, 고등학교 졸업식 때는 내가 이미 취업을 했으니 나도 회사에서 잠깐 허락 받고 다녀오느라 혼자 졸업을 했다.

　비록 야간이지만 대학을 졸업하는 날에는 엄마도 오셔서 학사모를 쓰고 축하를 해주셨다. 오빠도 일부러 시간 내서 졸업식장에 와서 늦은 나이에 대학을 졸업하는 동생에게 아낌없는 축하를 보내주었다.

　2년의 시간을 성실하게 보낸 나에게 어느 날 지도교수님이 대학 편입을 권유하는 전화를 했다.

　"잘 지내고 있지? 이번에 편입 기회가 있어서 전화했어. 2년 동안 공부 열심히 해서 학점이 좋아서 연락한 거야. 어릴 때부터 선생님이 하고 싶었다고 했지? 이번 기회에 교대에 편입해서 초등학교 선생님 되어보는 거 어때? 편입한다고 하면 내가 소개서 잘 써줄게. 지금 성적으로 충분히 가능해."

　갑작스런 교수님의 전화에 당황했지만 마음이 살짝 흔들렸다. 진짜 어릴 때부터 초등학교 선생님이 되고 싶었고, 그게 안 되면 유치원이나 어린이집 선생님이라도 하고 싶었던 나였기에 교수님의 제안에 갈등이 생겼다. 일단 생각 좀 해보겠다고 하고 전화를 끊었다. 며칠을 심각하게 고민했다.

'내 나이 33살. 지금 교대에 편입해서 선생님이 되려면 최소 35살이 넘어야 하는데 초등학교 선생님이 되기에 나이가 너무 많은 거 아닐까? 그리고 요즘 교사들이 밀려 있다는데 발령이 안 나면 내가 몇 년을 버틸 수 있을까? 무엇보다 내가 잘 할 수 있을까?'

멋모르던 시절에 바로 교대에 가서 공부하고 교사가 되었더라면 이런 고민은 하지 않았을 테지만, 이미 10년이 넘도록 회사 일을 했고 나이도 있는데 당장 회사를 그만 둘 자신도 없었다. 현실을 바라보다 보니까 꿈은 그저 꿈일 뿐이라는 생각이 들었다. 그래서 교수님께 연락을 했다.

"교수님, 저 좋게 보고 연락 주셔서 감사드립니다. 그런데 이 나이에 회사를 그만두고 공부를 할 생각을 하니 자신이 없습니다. 나중에 제가 결혼해서 아이 낳으면 아이에게 교사 하라고 해볼게요."

내 말에 교수님은 크게 웃으면서 알겠다고 하셨다. 그렇게 어린 시절 꿈이었던 초등학교 선생님은 결혼을 할지 안 할지도 모르면서 내가 낳은 아이에게 시켜보리라 웃으면서 생각을 했다.

30살에 시작된 나의 대학교 생활은 누구보다 열정적으로 공부하고 참여하는 나를 만날 수 있는 귀한 시간이었다. 회사에서 만나는 사람들 이외에 또 다른 사람들을 만날 수 있었고, 겸임 교수님들을 만나면서 도움도 많이 받았던 30살에 시작된 2년의 야간 대학 시간들 덕분에 한 걸음 더 성장한 나를 만날 수 있었다.

내가 돈 벌어서 학교를 다니지 않았더라면, 부모님이 주는 돈으로 스무 살에 대학생이 되었다면 이렇게 죽기 살기로 공부하지는 않았을 거야. 돈 버는 게 얼마나 힘든지 알았기에 더 열심히 공부한 거지.

이럴 때는 우리 집 형편이 넉넉하지 않았던 것도 감사한 일이 된 거야. 뭐든지 내가 시작한 일은 최선을 다하는 멋진 나를 만날 수 있었던 30살의 대학생 김민주 너 참 멋지다!

어떤 사람이 보람 있는 인생의 선택을 했을까.
다시 태어나도 나는 지금 하고 있는 일을 하겠다는 신념이 있다면
그가 최신의 인생을 산 것이 아닐까 싶다.

김형석, 『백년을 살아보니』, 덴스토리

3

인생 제2막을 준비하다 :
힘내요 우리!

어릴 때부터 남을 돕는 일을 하고 싶었다. 봉사 정신이 뛰어나서 상도 많이 받았다. 회사에서 정년퇴직 후 어린이집에서 시간제 보육교사를 하거나, 노인들에게 봉사 하면서 지내고 싶었다. 관련 자격증을 따야겠다고 마음은 있었지만 회사를 다니면서 해야 하니까 기회를 잡기 쉽지 않았다.

2012년 내 나이 39살, 아들 나이 4살. 여름이 끝날 무렵 이혼을 한 뒤

나는 극도로 예민하고 불안해졌다. 아들만 바라보고 아들이 나의 전부라는 생각에 사로잡혀 회사일도 집중하기 힘들었고, 주위 모든 것들로부터 철저하게 분리해서 살았다.

이런 나를 보는 친정 부모님은 늘 걱정이 가득했고, 나 역시 잠든 아들을 바라보면서 이혼녀가 되어버린 나 자신이 한심해서 죽고 싶다는 생각도 자주 했다. 매일 밤 잠든 아들을 보면서 숨죽여 흐느끼면서 아침이면 퉁퉁 부은 눈으로 출근을 하고 퇴근하면 오롯이 아들에게만 집중하는 생활이 반복되었고, 어느새 2012년이 마무리 되어가고 있었다.

야근을 하고 새벽에 퇴근을 해서 잠든 아들을 바라보는 나에게 엄마가 말씀하셨다.

"민주야, 너 이러다 진짜 큰일 난다. 아이도 중요하지만 니가 제대로 사는 게 더 급한 일이다. 엄마가 요즘 너 보고 있으니까 혹시 우울증이라도 걸릴까봐 걱정이 된다. 그래서 하는 말인데 예전부터 니가 하고 싶어 했던 자격증 공부 해보는 거 어때? 사회복지사도 좋고 보육교사도 좋고……. 니 아들은 어차피 내가 잘 키울 테니 걱정 말고 한번 알아 봐."

부모님 속 한번 썩이지 않고 지금까지 잘 살아온 하나뿐인 딸이 이혼이라는 선택을 하고 충격으로 정신을 놓아버릴까봐 엄마는 불안하셨던 거다. 바쁘면 다른 생각할 시간이 없을 테니까 하고 싶은 자격증 공부를 해보라고 말씀하시는 엄마를 보면서 얼마나 고맙고 죄송했는지 모른다.

이혼을 해서 부모 가슴에 못 박은 못난 딸을 혼내도 모자랄 텐데, 자식이라고 이렇게 걱정하는 부모님 덕분에 정신을 차리고 자격증을 딸 수 있는 곳을 알아보기 시작했다.

야간에 직접 가서 공부하기에는 어린 아들도 마음에 걸렸고 몸이 힘들 것 같아서 사이버 대학을 알아보던 중, 30살 때 다녔던 야간 전문대에서 사이버 대학도 운영 중인 것을 알게 되었다.

같은 학교 졸업생이라서 입학금을 일부 지원해주는 제도도 마음에 들었고, 2년 동안 사회복지사와 보육교사 과정을 모두 공부할 수 있어서 2013년 3월 나는 다시 대학생이 되었다. 사이버대학이라 매일 학교에 가지 않아도 되는 편한 점은 있었지만 공부할 양은 생각보다 만만치 않았다. 그래도 내가 선택해서 시작했으니 역시 장학금을 받아야겠다는 생각으로 열심히 공부했다.

미혼이었던 30살 때에는 회사 퇴근 후 공부만 했으니까 장학금 받는 게 좀 수월했다. 나이도 지금보다 어렸으니 공부가 잘 됐다. 10년이 흐른 40살에는, 이혼도 하고 아들도 있고 회사 일도 하고 여러 가지 상황들이 쉽지 않았다.

하지만 잘 해내고 싶은 욕심이 있었다. 욕심을 부린 만큼 나는 장학금을 타면서 2년을 공부했다. 1학년에는 보육교사, 2학년에는 사회복지사 자격증을 따기 위해 공부하고 시험 치고 실습도 해야 했다.

당시만 해도 주말에 보육교사 실습이 가능해서 나처럼 직장을 다니는 사람에게는 감사한 일이었다. 물론 평일에 실습도 일정부분은 해야 해서 휴가를 사용했다.

다섯 살 아들이 다니고 있는 어린이집에 현재 내가 보육교사 공부를 하고 있고, 실습을 해야 한다는 상황을 얘기하고 부탁을 했더니 원감선생님께서 허락을 해주셨다. 휴가를 내고 아들이 있는 어린이집으로 출근하던 날, 나와 같은 실습생들이 많이 와 있었다.

당시 아들은 지구반에 있었고, 나는 많은 실습생들이 있으니 지구반에는 안 갈 거라고 예상했다. 그런데 어쩌다 보니 아들이 수업중인 지구반에 실습을 하러 들어가게 되었다. 혼자 많은 상상을 했다.

'아들이 나 보고 집에 가고 싶다고 보채거나 울면, 엄마라고 옆에 달라붙어서 선생님 말씀 안 들으면 어떻게 하지?' 마음이 준비를 단단히 하고 교실에 들어서는 순간, 나를 아는 아들의 친구들은 시끌벅적하게 아들에게 말했다.

"너희 엄마 선생님이야? 어떻게 우리 교실에 왔어?"

친구들의 질문에 아들은 아무 대답도 않은 채 자리에 앉아서 담임선생님만 바라보고 있었다. '엄마가 들어와도 관심도 없는 우리 아들 뭐지?' 별별 상상을 다 하던 나는 서운한 마음이 들면서도 다행이다 싶었다.

담임선생님이 오늘 친구들과 함께 할 선생님이라고 나를 소개하는데도 아들은 모르는 사람을 대하듯이 쳐다보기만 했다. 그렇게 수업이 시작되었고 모둠으로 앉아 있는 5살 꼬마들 사이에서 나는 보육교사 실습을 시작했다.

색종이를 오리고 붙이는 미술시간, 나는 모둠을 다니면서 아이들을 도와주는 보조교사 역할을 했다. 아들이 색종이를 오리고 붙이는데 풀이 책상에서 자꾸 굴러 떨어지길래, 옆에 가서 "풀 붙이는 거 도와줄까?"하고 물었다. 그런데 돌아오는 대답은 "아니요. 괜찮아요. 제가 할 수 있어요."였다.

'뭐지? 집에서 하는 행동과는 완전 다른 모습이잖아. 아기인 줄 알았는데 우리 아들 제법 의젓한 걸.' 기쁨과 서운함이 오락가락 하다가 아이들 하원 시간이 되었다.

담임선생님께서 아들에게 물었다. "오늘은 엄마 오셨으니까 엄마 뒷정리하고 나면 엄마 차 타고 하원 하는 거지?" 당연히 그렇다고 대답할 줄 알았던 나의 예상은 완전히 깨졌다.

"아니요. 친구들이랑 같이 가는 게 더 재미있어요. 안녕히 계세요." 아들은 선생님께 당당히 대답하더니 인사를 마치고 가방을 메고 어린이집 차를 타러 나갔다.

그런 아들의 뒷모습을 바라보는 담임선생님도 나도 황당했다.

"어머님, 오늘 고생하셨어요. 저 사실 오늘 어머님께서 교실에 실습생으로 들어오실 때 걱정했거든요. 엄마 왔다고 우리 친구가 너무 들떠서 좋아할까 봐요. 그런데 의젓하게 표시도 안 내고 수업 잘 하고 가네요. 저는 참 대견한데 어머님은 좀 서운하시죠?" 담임 선생님 말씀에 나도 동의했다.

"저도 사실 지구반으로 가라고 해서 좀 당황했는데, 아들이 전혀 저를 모르는 사람처럼 대해서 섭섭하기도 하고 대견하기도 하네요. 아마, 엄마를 위해 그랬던 게 아닌가 싶어요. 많이 의젓해졌어요. 선생님께서 잘 가르쳐주신 덕분입니다. 감사합니다."

집에 돌아와서 아들에게 물었다.

"아들, 오늘 엄마가 어린이집에 와서 안 좋았어? 어떻게 그렇게 모른

척을 해?"

"당연히 좋았지. 엄마가 선생님으로 오니까 더 좋았어. 그런데 다른 친구들은 엄마가 온 거 아니잖아. 나 혼자만 좋아하면 다른 친구들 속상할 거 아니야. 그래서 모른 척 했어."

5살 아이의 머릿속에 이런 생각이 들어 있다는 게 신기했다. 자라온 환경 탓인지 아들의 성격 탓인지 아들은 또래보다 철이 빨리 들었다. 아들에게 또 한 번 고맙고 미안함을 표시하면서 나는 정해진 시간의 실습을 통해 보육교사 2급 자격증을 취득했다.

그리고 2014년 나는 2학년이 되어 사회복지사 자격증을 위해 공부했다. 사회복지 실습은 주말을 이용해서 하는데 꽤 많은 시간을 투자해야 했다. 친정엄마의 아낌없는 지원으로 나는 아들 양육에 대해 고민하지 않고 매주 토요일 건강가정지원센터로 실습을 나갔다. 아침 8시에 집에서 나가면 저녁 6시가 되어야 돌아올 수 있었다.

토요일은 내가 아들과 함께 시간을 보내야 친정엄마도 좀 쉴 시간이 있는데, 사회복지사 자격증을 따기 위해서는 그럴 수가 없었다. 친정엄마와 아들에게 미안해서라도 자격증을 꼭 따야겠다고 생각했다.

사회복지사 실습을 위해 가게 된 건강가정지원센터에서는 다문화 부모들을 위해 교육을 많이 해주고 있었고, 장애인 인식 개선 교육에 대해 집중적인 실습을 했다. 다문화 부모들을 만나서 한글을 가르치는 수업도 해 보고, 장애인들을 데리고 가서 합창대회도 하고, 꽃다발을 만드는 과정에 함께 하기도 하면서 건강하게 자라주는 아들에게 너무 고마운 마음이 들었다. 그리고 나와 아들을 위해 당신의 인생을 포기하고 힘이 되어 주시는 부모님께도 다시 한 번 감사했다.

실습을 하던 어느 날, 농구장으로 장애인들이 경기 하는 모습을 관람하러 가는 시간이 생겼다. 가족들과 동행해도 된다는 센터장님의 이야기에 아들을 데리고 함께 경기장으로 향했다.

아들은 휠체어를 타고 경기하는 장애인을 처음 봐서 그런지 무섭기도 한데, 엄마와 나는 잘 걸어 다녀서 너무 좋다고 했다. 장애인에 대한 편견을 가지지 않도록 경기 관람 후 센터에서 나온 분들의 설명도 들을 수 있어서 좋았다.

긴 시간 토요일을 반납한 결과 나는 사회복지사 2급 자격증도 취득했다.

이혼한 딸이 혹시라도 나쁜 생각을 할까 봐 새로운 공부에 도전할 수 있도록 길잡이가 되어준 사랑하는 엄마가 있고, 현실과 타협하지 않고 최선을 다해 장학금을 타면서 퇴직 후 내가 하고 싶은 일을 하기 위해 사회복지사와 보육교사 자격증을 취득한 악바리 내가 있고, 또래보다 생각이 깊고 누구보다 엄마를 믿고 사랑해주는 아들이 있는 나는 참 행복한 싱글맘이다.

나의 아픔이 동력이 되어 그리고 서로를 아끼고 배려하는 가족들 덕분에, 결과적으로는 내 인생 2막을 탄탄하게 준비할 수 있었다. 모든 것은 생각하기 나름이라는 말, 맞나 보다.

싱글맘이라고 현실을 탓하며 주변 사람들의 시선을 두려워하며 새장 속에 갇혀 있는 선택을 했더라면, 지금의 나는 어떤 모습으로 살고 있을까?

눈물과 고통의 시간을 지나 인생 2막을 위해 열심히 공부하고 변화와 성장을 선택한 내가 자랑스럽다. 그리고 이젠, 대한민국 싱글맘들에게 자신 있게 외칠 수 있다. 여러분도 할 수 있다고, 새장 속에서 나오라고, 지금보다 훨씬 더 멋진 세상이 준비되어 있다고 말이다. 내가 책을 쓰는 이유 중 하나, 싱글맘들에게 다음과 같은 메시지를 전하고 싶어서이다.

여러분, 우리 함께 힘내요! 당신은 할 수 있습니다!

지금까지 만난 사람, 들은 말, 읽은 책, 생활공간 등이 현재의 우리를 만들었다.
만나는 사람, 듣는 말, 읽는 책을 바꾼다면 그 사람은 달라질 수밖에 없다.
누구를 만나, 무슨 이야기를 듣고, 어떤 책을 읽어야 하는지를 궁리해야 한다.

강연기 《인생 바청 차음》 프레너백

어린 시절 꿈, 작가 되다 :
그리고 확장된 꿈

한번쯤 내 책을 쓰고 싶다는 작가의 꿈, 소녀들의 로망이 아닐까? 나역시 그랬다. 글쓰기를 좋아하던 어린 시절, 작가가 되고 싶은 꿈이 있었다. 어린 시절부터 매일 일기를 쓰고 학교에서 특별활동 시간에도 문예반을 하면서 자연스럽게 글을 쓸 기회가 많아졌다. 글쓰기에 관한 상도많이 받았다. 회사를 다니면서도 틈틈이 글을 쓰기는 했지만 예전처럼여유 있게 쓸 시간이 없었다. 바쁜 현실을 마주하면서 작가의 꿈은 멀어져가고 있었다. 그렇게 현실주의자가 되어서 살아가던 중, 2020년 여름,

624 독서모임을 통해 만난 대표님이 나에게 글쓰기 강의가 있다고 추천해주었다. 퇴근 후 3번은 직접 가서 강의를 듣고 나머지는 집에서 스스로 쓸 수 있으니까 한번 들어보라는 이야기에 신청을 했다.

그때 만난 이은대 작가님 덕분에 나는 작가의 꿈을 꾸게 되었다. 세 번의 강의를 듣고 글을 쓴 후에 목차를 받았다. 그렇게 받은 목차를 가지고 부지런히 글을 쓰고 편집자를 만나서 몇 번의 수정 후에 2022년 3월, 부크크 출판사에서 책을 출판했다.

지극히 개인적인 나의 이야기를 담은 에세이『싱글맘 워킹맘 드림맘』이라는 제목으로 만들어진 나의 첫 번째 책은 소장본으로 가지고 있기로 했다. 내 이름 석 자가 찍힌 책이 나왔으니 작가의 꿈은 이루어졌으나 세상에 알릴 수 있는 용기도 부족했고, 내 개인적인 이야기가 너무 많아서 혹시 우리 가족들에게 상처가 될까 봐 출판은 하지 않았다. (그래도 지금 부크크 출판사 사이트에 들어가면 소장본으로 책이 소개되어 있다.)

첫 번째 책을 소장본으로 간직하고 지내던 중 다시 한 번 624 독서모임 내표님이 또 한분의 작가를 소개해주있다. 현재도 내가 글을 쓸 수 있도록 아낌없이 지원해주는 백미정 작가님이다. 아들 셋을 둔 엄마였고, 책을 10권이나 출판한 대단한 작가 분을 알게 되어서 참 감사했다.

더 감사한 건, 내 마음을 너무 잘 알아서 챙겨주고 칭찬해주는 따뜻함, 책 쓰기에 관해서 엄청난 실력을 가지고 있는 작가분이라서 믿고 글쓰기를 할 수 있었다. 코로나라는 특수 환경 때문에 처음 전화 통화를 하면서 만났고, 그 이후 줌으로 만나면서 글을 썼다.

역시 내가 보낸 글을 보고 목차를 만들어주었고, 목차에 맞추어서 글을 쓰기 시작했다.

카톡으로 피드백을 받기도 하고 전화로 안내를 받으면서 편집 작업 후 작가님이 안내해준 여러 군데 출판사에 원고를 보냈다.

2021년 11월, 뱅크북 출판사에서 연락이 왔다. 초보 작가인 나에게 괜찮은 조건으로 출판 제의를 해왔고, 백미정 작가님의 안내 덕분에 2021년 12월 15일 나의 두 번째 책이 나왔다.

『나는, 독서하는 싱글맘입니다』라는 제목으로 출판된 두 번째 책은 인터넷 서점에서도 오프라인 서점에서도 당당하게 판매되기 시작했다. 백미정 작가님이 운영하는 단톡방 '엄마작가 비전스쿨'에서 만난 작가님들 중에서 편집, 교정도 해주고 서평단도 모집해서 도움을 주신 분도 계셨다. 소중한 인연들에 감사했다.

싱글맘인 나에게 이런 좋은 기회가 올 수 있을 거라고 단 한 번도 생각하지 못했기에 감동 자체였다. 책 제목에 당당히 '싱글맘'이라고 말 할 수 있는 용기를 내어준 나 자신도 대단하고, 누구보다 나의 책이 출판된 것을 축하해준 친정엄마에게는 죄송하기도 하고 감사하기도 한 마음이었다. 회사 다니면서 시간을 내어서 글쓰기 하고, 백미정 작가님의 세심한 안내 덕분에 두 번째 책이 세상에 나오게 된 날을 떠올리면 지금도 가슴이 설렌다.

노란 빛깔이 나는 책 표지에 창밖을 바라보는 독서하는 엄마의 모습이 그려져 있는 『나는, 독서하는 싱글맘입니다』 책이 지금 글을 쓰고 있는 책상에서도 나를 바라보고 있다.

처음 이혼을 하고 싱글맘이 되었을 때는 세상이 두렵고 내 자신이 원망스럽고 한심해서 살고 싶지 않았다. 무엇보다 아들에게 미안함과 죄책감으로 사는 것 자체가 힘이 들었다. 깜깜한 동굴 속에 숨고 싶은 마음과 가끔은 현실에서 떠나고 싶은 마음이 불쑥 올라오기도 했지만, 내가 살아가야 하는 이유인 아들이 있었기에 악착같이 살려고 노력했다.

그런 나의 이야기를 담담하게 글로 써 내려가면서 내 마음에 꽁꽁 숨겨 두있던 아픔들을 하나씩 녹여나가기 시작했다. 힘들었지만 잘 견뎌온 나에게, 어리지만 누구보다 엄마를 사랑하고 이해해주는 아들에게, 누가 뭐라고 해도 사랑으로 나를 감싸주는 부모님에게, 현재의 내 삶을 그대로 인정할 수 있도록 안내해 준 인생 친구들에게, 내 상황을 알고 보이지 않게 도움 준 회사 동료들에게 감사했다.

어릴 때부터 나보다 남을 먼저 배려하는 사람으로 살아왔던 나에게 엄청난 시련으로 다가 온 '이혼'이라는 사건이 지금은 전화위복이 되었다. 원하지 않고 생각지도 않았던 큰 사건이 어린 시절 나의 꿈, 작가가 되게 해주었고 나와 같은 싱글맘들에게 내 경험들을 나누면서 도움이 되어 줄 수 있으니 말이다. 얼마나 대단한 용기를 내었는지 나 자신이 자랑스럽다. 독서를 하면서 나의 의식을 깨우고, 글을 쓰면서 내 마음의 상처를 어루만질 수 있는 이 시간이 너무 좋다. 이 세상 싱글맘들 모두가 자신을 인정하고 사랑하면서 지금 이대로 충분히 멋지다고 박수 보낼 수 있는 오늘 하루를 만들어가길 기도한다.

싱글맘이라고 세상을 향해 소리 내어 외칠 수 있는 용기를 낸 김민주!
나와 같은 사람들에게 한 줄기 희망을 바라볼 수 있게 용기를 낸 김민주! 세상 어디에서도 당당하고 멋진 김민주! 14살 사춘기 아들과 커피숍 데이트를 할 수 있는 나는, 참 멋진 엄마 아닌가 싶다. 그래서, 싱글맘들과 함께 공저를 하는 작가가 되고픈 확장된 꿈을 꿔본다.

'자신 있게 꿈을 향해 나아가고 상상해온 삶을 살려고 노력하는 이라면,
일상 속에서 예기치 못한 성공을 만날 것이다.' 그게 내 신조다.
정말 맞는 말이다. 내 삶 전체가 바로 그런 것을.

타샤 튜더, 『타샤의 말』, 윌북

5장

싱글맘이 진짜 나로 살아가는 시간 :
함께 힐링해요

손으로 하는 명상, 필사 :
나를 만나는 시간

어릴 때부터 어떤 일을 시작할 때 늘 생각이 많다는 소리를 들었던 나였다. 덕분에 실수를 많이 하지 않았던 나였는데 이혼이라는 내 인생의 큰 오점을 남기면서 어둠 속으로 뚜벅뚜벅 걸어가기 시작했다.

벌써 10년 전 사건이 되어 버린 '이혼녀', '싱글맘'이라는 수식어가 내 이름 앞에 붙기 시작하면서 나는 깜깜한 동굴 속에서 눈물 흘리는 박쥐의 삶을 살기 시작했다. 현실에서 도망치고 싶었고, 세상과의 끈을 놓고 싶었다. 하지만 내가 지켜주어야 할 아들이 있었다.

현실을 인정하고 다시 웃을 수 있을 때까지 나에게 많은 도움을 준 것이 바로 손으로 하는 명상, 필사였다. 처음에는 독서모임에서 필사를 해보라는 권유를 받고 아무 생각 없이 따라 쓰기만 했다.

'이게 무슨 명상이 된다는 거지? 글씨 연습 하는 건가? 책 보고 따라 쓰기 하니까 팔만 아픈데 무슨 의미로 명상이 되는 거지?' 혼자 별별 생각을 다하면서도 이미 시작한 일이니까 해보자는 생각이 들었다. 그렇게 필사 100일이 넘어 갈 즈음에 내가 쓰고 있는 책의 글귀들이 마음에 담아지기 시작했다.

'이래서 필사를 해본 사람들이 손으로 하는 명상이라고 말하는구나.' 그때부터 필사에 더 집중하게 되었다. 꾸준함 덕분에 요령도 생겼다. 처음 필사를 시작할 때에는 하루에 한 장 이상 꼭 해야 한다는 강박관념이 있었다. 그래서 회사 일이 많아서 늦게 퇴근하거나, 저녁에 다른 일들이 생기면 부담이 되었다. 그러면서도 '내가 왜 돈 안 되는 일에 이렇게 목숨 걸고 부담을 가지고 있는 거지?'라는 생각이 들었다. 며칠 필사하던 것을 접어두었는데, 어느새 익숙해 있었는지 필사를 안 하는 날은 마음 한 편이 불편했다.

부담 없이, 그러나 꾸준하게 필사를 대할 수 있는 나만의 방법을 찾아야겠다고 결심했다. 그래서 분주한 날에는 한 문장 필사로 하루를 마감하기도 했다. 지금까지 333일 필사를 하고 있다.

중간 중간에 다른 책들도 필사를 하고 있지만, 오늘까지 333일 필사하고 있는 책은 「네 안에 잠든 거인을 깨워라」이다. 이 책을 본 사람들은 알겠지만 전체 700페이지로 두께가 엄청나다. 지금 500페이지를 넘어가고 있다. 노트에 하루 한 장씩을 목표로 필사를 마무리하려고 한다.

집중해서 필사를 하니까 작가가 전하고자 하는 메시지가 눈에 들어왔다. 마음에 와닿는 글귀는 한 번 더 줄을 그어보고 다른 색깔로 표시도 해 보고 다른 노트에 옮겨보기도 했다. 그렇게 하면서 사람들이 '필사는 손으로 하는 명상'이라는 말을 완전히 이해하게 되었다.

일이 많거나 힘든 날도 필사를 하면서 하루를 마무리하고, 짜증이 나거나 속상할 때도 책 속에서 나를 만나는 시간을 가지게 되었다. 필사는 자연스럽게 작가를 만날 수 있는 기회이고, 내 생각을 정리할 수 있는 도구였다.

요즘은 필사모임을 하는 곳이 많이 있다. 인터넷을 통해서 찾을 수도 있고, 지금 현재 내가 하고 있는 독서모임에서도 함께 할 수 있다. 그리고 내가 책을 출판해서 작가의 꿈을 이루게 해준 백미정 작가님도 특색 있는 필사모임을 하고 있다.

필사를 통해서 무엇인가를 알아갈 수 있는 시간이, 싱글맘인 나에게는 고마운 일이다. 내 마음을 들여다보니, 모든 상황을 객관적으로 볼 수 있는 눈이 생겼다. 자연스레 아이에게 잔소리하는 횟수가 줄어들고 있다. 나도 아이도 좋다.

어릴 때는 책에 색칠을 하거나 줄을 그으면 어른들에게 혼이 났던 기억이 있다. 그런데 지금은 완전 다른 세상에 살고 있다. 내 마음에 드는 문구에는 빨강, 파랑, 형광색 펜을 가지고 색칠도 하고 밑줄 긋고 따라 쓰기도 하면서 작가의 마음을 읽어내고 있다.

싱글맘들에게 필사를 함께 하자고 말하고 싶다. 필사할 시간이 없다고, 배부른 소리 하지 말라고 얘기하는 사람들도 있을지 모르겠다. 하지만 필사의 힘을 제대로 체감했던 나는, 함께 하자고 자신 있게 소리칠 수 있다.

싱글맘 여러분, 누구보다 바쁘고 저녁이면 지칠 때도 많다는 거 알아요.

저도 그래요.

그런데 필사해보니까 좋더라고요. 아이들에게서 해방되고 온전히 나 자신을 만날 수 있는 시간이니까요.

하루를 잘 살아낸 우리 자신에게 선물하는 시간으로 필사, 어때요?

손으로 하는 명상인 필사로 나의 하루를 차분하게 돌아보기, 같이 해요.

필사란, 책을 되새김질하는 과정이다.

조성래

2

회사에서 주는 선물, 책임자 연수 :
경험과 도전

1992년, 내가 19살 때였다. 고등학교 3학년 학생의 신분으로 나는 지금 다니고 있는 회사에 입사했다.

돈을 벌 수 있다는 생각에, 어린 시절부터 가고 싶어 했던 새마을금고 공채에 합격해서 즐겁기만 했다. 하지만 기대감과 달리 처음 하는 사회생활은 쉽지 않았다. 어디를 가도 다 힘들 거라는 어른들의 말씀을 마음에 새기고 새겼다. 어렵고 힘든 일이 생길 때마다 더 나은 내 모습을 그려보면서 버티고 견뎌낸 덕분에, 어느 새 한 직장에서 31년 차 근무를 하는 최고참이 되었다.

2005년 5월 32살, 결혼도 안 한 여직원인 나에게 실무책임자 자리가 찾아왔다. 회사를 다니면서 승진에 관심이 없는 사람이 과연 얼마나 있을까? 나 역시 선배들이 많아서 제때 승진을 한 번도 해본 적이 없던 사람이었기에 갑작스런 실무책임자(지금부터는 책임자라고 하겠다) 자리는 부담이 되었다. 그렇지만 나에게 기회를 준 이사장님과 임원들과, 별말 없이 따라 준 동료 직원들에게 고마웠다.

새마을금고는 중앙회가 있고 지역 동 별로 단위 금고가 있는 특성상 각자의 금고에 책임자가 한 명씩 존재한다. 책임자들은 한 달에 한 번씩 모여서 금고 운영 및 전반적인 부분에 대해서 '월례회'라는 명칭으로 정기회의를 개최한다.

내가 근무하고 있는 새마을금고는 대구광역시 동구에 위치하고 있다. 대구에는 100개가 넘는 새마을금고가 있지만 여전히 여성 책임자의 숫자는 적다. 동구 관내 18개 새마을금고 중 유일하게 나 혼자 여성 책임자로 일하고 있다.

좋은 점도 있고 불편한 점도 있다. 처음 책임자 회의에 참석했을 때 다른 금고 책임자들이 어색해하던 만큼 나도 어색하고 불편했다. 유일한 여자 책임자, 32살 적지 않은 나이의 미혼. 남자 책임자들이 나를 부담스러워했던 것은 어쩌면 당연한 거라는 생각이 들었다.

책임자들 중에 나보다 근무 경력이 적은 사람들도 있었다. 하지만 모두 선배라고 생각하고 내가 먼저 도움을 요청하며 책임자들을 존중하면서 잘 지냈다.

책임자가 된 이후 2 ~ 3년에 한 번 정도 함께 연수를 갔다. 새마을금고 천안연수원(지금은 MG인재개발원)에서 리더십과 직무 역량 강화를 위한 교육도 있었고 친목 도모를 위한 1일차 연수도 있었다. 제주도 연수, 해외 연수 등 각종 연수들을 회사에서 보내주었다.

회사를 떠나 새로운 공간에서 책임자들과 지내면서 평소에는 접하지 못했던 편안한 감정들로 소통했다. 직장 생활에서 받는 스트레스를 조금은 내려놓을 수 있었다.

'코로나' 라는 특이상황이 발생되기 전까지 주로 해외 연수를 갔다. 중국, 일본, 호주, 우즈베키스탄, 홍콩, 계림 등으로 해외 연수를 함께 하면서 나도 책임자들도 각자의 감정들을 나눌 수 있었고 술 한 잔에 서러움과 힘들었던 기억들을 담아 마실 수 있었다.

결혼 전 해외연수는 정말 신나게 즐겼다. 돌아와서 재충전도 확실히 되었다. 하지만 결혼 후 어린 아들을 엄마에게 맡겨둔 채 떠나는 해외연수는 즐겁지 않았다. 정확히 표현하자면 가고 싶지 않았다. 싱글맘인 나에게 아들과 떨어져 지내는 시간들은 아들에 대한 죄책감과 미안함, 엄마에 대한 죄송함으로 다가왔다.

그래서 이혼 후 해외연수 기회가 왔을 때 나는 가지 않겠다고 했다. 엄마는 나에게 불 같이 화를 내셨다.

"내가 있는데 무슨 걱정이야? 너 매일 회사 가고 없을 때도 내가 니 아들 다 봐주잖아. 그런데 이런 좋은 기회가 있는데 왜 안 가? 앞으로 더 큰 사람이 되려면 경험이 얼마나 중요한지 몰라? 아무 생각 하지 말고 가." 엄마의 이야기에 눈물이 났다.

"엄마, 나도 가고 싶은데 사실 엄마한테도 미안하고 아이한테도 며칠 동안 엄마가 없다고 말하는 게 진짜 미안해. 아직 어린데 좀 더 큰 뒤에 기회 오면 그때 가면 되지 뭐." 내 마음을 충분히 이해하는 엄마는 따뜻하게 안아주면서 말씀하셨다.

"그래, 어린 아들 혼자 두고 가는 게 편하지 않을 거야. 그런데 민주야, 니가 니 아들이 소중하듯이 엄마는 내 딸인 니가 더 소중해. 좋은 기회

있을 때 잘 잡을 수 있는 것도 능력이야. 아이가 크면 더 가기 힘들어. 학교에 들어가면 니가 챙겨야 할 게 더 많으니까. 아무 말 말고 갔다 와."

선택을 해야 하는 상황에서 나에게는 아들이 최고 우선순위가 된다. 엄마는 내가 먼저라는 말에 가슴이 저려왔다. 그리고 엄마의 조언대로 했다.

엄마에게 아들을 맡겨두고 떠난 첫 번째 해외여행은 불안 그 자체였다. 좋은 곳을 구경하면 아들과 함께 오고 싶다는 생각, 맛있는 것을 먹으면 아들도 좋아할 거라는 생각에 그 무엇에도 집중할 수 없었다. 혼자 호텔방에 누워 있으면 또 아들 생각에 잠도 오지 않았다. 싱글맘 이후 몇 번의 해외연수는 마음이 불편한 시간이었다.

그러다 나와 친하게 지내는 책임자 한 명에게 내 상황을 알렸다. 아이가 네 살 때 이혼해서 현재 싱글맘으로 살고 있어서 이렇게 해외에 나오면 마음이 불편하다고 솔직하게 이야기했다.

내 이야기를 듣고 지인 책임자는 그동안 기분 좋게 즐기지 못했던 나를 이해하게 되었다. 그 이후 해외연수에서는 지인 책임자의 배려 덕분에 나도 마음을 좀 더 편안하게 얘기 할 수 있는 시간이 되었다.

해외연수 중 내 옆에서 함께 해 주면서 내가 조금이라도 우울해 보이면 일부러 웃겨 주기도 했다. 속상한 마음을 털어놓아도 편히 받아주는 책임자 덕분에 해외연수는 조금씩 힐링의 시간이 되었다.

늦은 시각까지 잠을 청할 수 없던 나를 위해 함께 책을 읽어 주기도 했고, 자신의 아이들을 키우면서 있었던 여러 경험들을 나누어주었다. 그리고 늘 돌아오는 길에는 나에게 아들이 좋아할 만한 선물을 사 주었다.

'내가 이렇게 넘치는 사랑을 받아도 되는 걸까?'하는 마음이 들 정도로 책임자의 사랑에 감사했다. 이성적인 사랑이 아니라 동료로써 진심으로 상대의 아픔을 감싸 안아주는 그 책임자 덕분에 잠시나마 나를 만날 수 있는 시간을 가질 수 있어서 좋았다.

협의회 책임자들 중 조금 나이가 젊은 분들과 우리끼리 모임도 하고 있어서 좋다. 서로 마음을 터놓고 얘기할 수 있는 젊은 책임자들과 함께 하는 시간들 덕분에 나는 마음 편한 시간도 가질 수 있다.

2022년 5월에는 3박 4일 제주도로 연수를 갔다. 제주도 연수에 앞서 골프를 친다는 소규모 모임 책임자들에게 나는 내 마음을 담아서 썬 크림, 마스크 팩, 영양제 등을 준비해서 선물했다. 서로에게 감사를 전하면서 보낸 5월의 제주도에서 나는 온 몸과 온 마음으로 힐링을 할 수 있었다.

4살 아기였던 아들이 14살 중학교 1학년으로 잘 커준 덕분이기도 했다. 이제는 휴대폰과 컴퓨터만 있으면 하루 종일 신나게 노는 아들이니까, 잔소리 하는 엄마가 없어서 더 좋은 시간일 테니까 나도 걱정 없이 제주도의 여유를 실컷 즐길 수 있었다.

분위기 있는 카페에서 좋은 사람들과 커피 마시면서 내가 좋아하는 바다를 보고, 비 오는 바닷가를 걸어도 보고, 혼자 호텔방에서 책도 읽고 글도 쓰는 여유를 가질 수 있을 만큼 스스로 발전한 내가 대견스럽다.

이런 자유를 누릴 수 있는 시간을 만들어주는 회사에도 고맙고, 여자 혼자라고 어디서든 챙겨주는 책임자들도 감사하다. 그리고 내 시간을 즐길 수 있도록 온전하게 내 아들을 돌봐주시는 엄마에게 제일 감사하다. 엄마 없이 잘 지내주는 아들에게도 고맙다.

싱글맘이어서 힘들었던 연수 시간이 이제는 나에게 새로운 경험과 도전을 통해서 한 걸음 더 성장할 수 있는 기회가 되어서 참 좋다.

세상의 중요한 업적 중 대부분은,
희망이 보이지 않는 상황에서도 끊임없이 도전한 사람들이 이룬 것이다.

데일 카네기

3

나만의 공간, 자동차 :
날려버려!

이혼을 하면서 친정 부모님이 계시는 집으로 아들을 데리고 들어왔다. 어른들이 계시는 집이니까 손님도 자주 오고, 아들과 나 둘이서만 사는 공간이 아니어서 눈치 보이는 일이 제법 있었다. 부모님이 아무 말씀 안 하셔도 눈치를 보고, 가끔은 자유가 있었으면 좋겠다는 생각도 했다. 자유가 없다는 생각은 나보다 아들이 더 많이 했을지도 모른다. 한참 놀고 싶은 중학교 1학년 남자 아이에게, 때로는 혼자만의 공간도 필요했을 테니까.

그래서 아들에게 우리 둘이 이사 나가서 살자고 말해보기도 했다. 아들은 아직은 괜찮다고 답했다. 아들은 이미 알고 있는 것 같았다. 할아버지 할머니가 계시지 않는 집에서 둘이 살게 되면, 퇴근하는 엄마를 혼자 기다려야 할 시간이 많아진다는 것을 말이다. 그리고 나와 똑같은 성격의 아들은 익숙한 것과의 이별에 대해 많이 힘들어한다. 자유 시간이 조금 부족하더라도 지금 이대로 지내고 싶어 한다는 것을 나도 안다. 말로는 아들에게 이사 가자고 하면서도, 나도 부모님과 함께 사는 게 훨씬 좋다.

하지만 현실로 돌아와서 회사 일로 속이 상할 때, 부모님께 잔소리를 들어서 짜증이 날 때, 아들과 대화가 잘 안 돼서 화가 날 때, 나도 스트레스를 풀 공간이 필요했다.

어릴 때부터 혼자 어디로 다녀본 기억이 별로 없는 나는 어른이 된 지금도 혼자서 어디 가는 것이 익숙하지 않고 겁이 났다. 카페에서 혼자 커피를 마시는 것도 이상하고, 영화관에 혼자 가는 것도 어색하고, 식당에 혼자 가는 것은 정말 못했다. 회사와 집밖에 몰랐던 나의 생활들이 고스란히 드러나는 상황이었다.

평소 아들에게 화를 잘 내지 않는 나였는데, 회사 일로 짜증이 많이 났

174 싱글맘도 엄마입니다

던 어느 날 퇴근 후 별 일 아닌 것에 폭발을 했다. 학교 마치고 집에 오면 숙제부터 하고 놀아야 하는데, 아들은 매번 하겠다는 말만 했다. 나의 잔소리를 심하게 듣고 나서야 숙제를 했다. 똑같은 일상이었는데 그 날은 너무 화가 났다.

"너 지금 뭐해? 숙제는 다 했어? 도대체 엄마 말이 말 같지가 않아? 엄마가 왜 이렇게 힘들게 일하는지 너 몰라?" 컴퓨터 앞에 앉아 있던 아들은 엄마가 들어오자마자 따발총처럼 쏘아 붙이는 잔소리에 얼음이 되었다.

"엄마, 왜 그래? 나 조금만 놀다가 숙제할게. 나 엄마 말 무시한 적 없어." 아들의 대답에 신경이 곤두서 있던 나는 또 쏘아붙였다.

"어디서 말대꾸야? 엄마가 한두 번 얘기했어? 학교 갔다 오면 숙제부터 하고 놀라고 했잖아! 오늘 또 숙제 안 하고 있으니까 엄마 말 무시하는 거지."

"엄마, 그런 거 아니야. 조금 놀고 하면 어때서? 자기 전에 시간도 많은데. 그리고 오늘 엄마 왜 이렇게 화내는 거야? 회사에서 기분 나쁜 일 있었어?" 징곡을 찌른 아들의 말에 나는 갑자기 미안함과 서러움에 눈물이 났다. 우는 나를 보면서 아들은 깜짝 놀라서 어쩔 줄 몰라 하고 부모님도 측은하게 나를 바라보고 있었다.

'내가 왜 이혼을 하고 이렇게 사는 거지? 뭐가 부족해서? 나름대로 착하게 잘 살아 왔는데 나한테 왜 이런 일이 생기는 거야? 거기다 아들은 왜 내 마음도 모르고 이렇게 말을 안 듣는 거야? 이래서 엄마가 나에게 이혼하더라도 아들을 두고 오라고 했던 걸까?' 이혼한 건 내 탓인데 모든 화살을 밖으로 돌리고 있는 나를 보았다. 그러면서 흐르는 눈물을 주체할 수 없는 한심한 내가 싫었다.

눈물을 흘리면서 집 밖을 나온 내가 아무에게도 들키지 않고 울 수 있는 곳은 자동차 안이었다. 시동을 켜고 강물이 흐르는 강변으로 차를 몰았다. 주차를 하고 차 안에서 음악을 최대한 크게 틀고 차문을 꼭 잠갔다. 그리고 미친년처럼 소리를 지르면서 울었다. 울어도 울어도 그치지 않는 눈물이었다.

그렇게 한 시간이 넘도록 울다가 웃다가 소리 지르다가 노래도 하다가 차 안에서 나의 복잡한 감정을 드러내었다.

그때 귀에 들리는 진동 소리, 화면에 '내 사랑 내 보물 ○○'아들의 전화였다. 목소리를 가다듬고 전화를 받았다.

"아들, 왜?"

"엄마 어디야? 내가 잘못했어. 울지 말고 얼른 들어 와. 나 숙제 다 했어. 엄마 힘들게 일하고 왔는데 말 안 들어서 미안해. 엄마 배고플 텐데 빨리 들어와." 아들의 사과에 다시 눈물이 났다. 사과는 내가 해야 하는데, 잘못도 없는 아들이 울먹이면서 사과를 하고 있었다.

'나는 왜 이렇게 못난 엄마일까? 아들이 내게 이혼하라고 한 것도 아니고, 아들이 키워 달라고 한 것도 아닌데……. 네 살 아기가 할 수 있었던 건 아무 것도 없었는데, 내가 다 선택해놓고 힘들다고 이렇게 아들 탓을 하는 나는 좋은 엄마가 될 수 있을까?'라는 생각이 들면서 아들에게 진심으로 미안했다.

깜깜한 어둠 속, 대문 밖에서 나를 기다리고 있던 아들은 내 차 소리에 달려왔다.

그리고 조그만 몸으로 나를 안아주었다. 아들의 따뜻한 온기를 느끼면서 나는 진심으로 사과했다.

"아들, 미안해. 사과할 사람은 니가 아니라 엄마야. 엄마가 오늘 회사에서 너무 속상한 일이 있어서 괜히 너한테 짜증냈어. 진짜 미안해. 앞으로는 엄마가 조심할게." 내 말에 아들도 울면서 말했다.

"엄마, 나도 이제 엄미랑 한 약속 잘 지킨 거야. 엄마가 울면 나도 속상해서 눈물 나. 엄마 울지 마." 한바탕 소란을 피우고 난 이후 아들을 꼭 끌어안고 잠이 들었다.

그 날 이후 나는 스트레스가 쌓이면 아무도 보지 않는 내 자동차 안으로 몸을 이동했다.

차 안에서 욕도 하고 소리도 지르고 그렇게 내 마음이 편안해질 때까지 시간을 보냈다.

나만의 스트레스를 해소할 공간을 찾은 것이다.

덕분에 혼자 있고 싶을 때는 아무 말 없이 나를 받아주는 자동차 안을 애용하게 되었다. 그리고 아들이 어떤 상황에서 나를 찾더라도 아무 말 없이 받아주는 엄마가 되어야겠다고 결심했다.

싱글맘에게 스트레스를 해소할 특별한 공간은, 아이와 더욱 끈끈한 정을 쌓아가고 세상을 향해 당당하게 걸어갈 수 있는 용기를 만들어준다는 생각을 해본다.

고마운 내 자동차야! 니 덕분에 나는 오늘도 한바탕 소리 질러 노래 불러본다.

스트레스 날려버려!

때론 자신에게 관대해지는 뻔뻔함도 필요하다.
네가 널 변호하고 다독거리지 않으면 누가 널 이해하고 보호해주겠니.

유인경, 내일도 출근하는 딸에게, 위즈덤하우스

감사 일기와 함께 나를 만나다 :
싱글맘인 덕분에

어릴 때부터 글쓰기를 좋아하던 나는 어른이 되어서도 매일 일기를 썼
다.

학교 다닐 때처럼 정해진 형식에 쓰는 일기는 아니었지만 나의 하루를
돌아보고 기억하고 싶은 일, 지우고 싶은 일을 메모 형식으로 꾸준히 쓰
고 있던 나에게 신기한 일기장이 찾아왔다. 내가 다니는 사무실에 법무
사 일을 담당해주는 사무장 덕분이었다.

"동안클럽에서 파티 하는데 놀러 가실래요?"

"나이트클럽도 아니고 노래방도 아니고 동안클럽이 뭐예요?"

황당한 표정으로 질문하는 나에게 사무장은 그냥 사람들이 모여서 즐기고 노는 곳이라고 했다. 부담 없이 가도 된다는 말에 아들과 함께 놀러 갔고, 그곳에서 사무장의 부인인 인생친구 김명희님으로부터 미션을 받게 되었다.

'365일 감사로 물드는 하루'라는 제목의 주황색 수첩에 감사 일기를 매일 써서 동안클럽 공간에 인증해보자고 했다. 다음 모임 시간에 시상도 한다고 했다. 평소 글쓰기를 좋아하고 일기도 쓰고 있었기에 별다른 거부감 없이 수첩을 받았다. 그 수첩은 나의 일기장이 되었다.

2017년 2월 5일 감사 일기를 처음 시작해서 이 글을 쓰는 지금 1,958일차 감사 일기를 기록 중이다.

처음에는 그냥 일기처럼 하루를 돌아보면서 감사한 일들을 기록했다. 이후에는 양식이 정해져 있는 감사 일기 노트에 아침, 저녁으로 감사한 일과 감사한 사람의 이름과 이유를 적고, 기억나는 책 한 구절도 적어 내려갔다. 현재 내 기분을 적는 칸도 있었다.

짧게는 2분, 길게는 5분 정도를 투자해서 감사 일기를 쓰는 것은 나를 만날 수 있는 귀한 시간이 되었다. 감사 일기 덕분에 책을 읽어도 좀 더 집중하게 되고, 옮겨 적고 싶은 구절은 한 번 더 보게 되는 효과도 있었다. 무엇보다 3가지 감사한 일을 기록해야 하니까 주위를 보는 시선이 넓어지고 선명해졌다. 그리고 감사 일기에 언제나 기록할 수 있는 부모님과 아들이 있어서 정말 감사했다.

감사 일기를 적으면서 내 주위에 있는 모든 것들이 감사했다.

그러던 중, 아들이 4학년이 되어서 내가 시키지 않아도 아들이 감사 일기를 써야 하는 상황이 생겼다. 아들이 다니는 초등학교에서 하루 3가지 감사한 일을 기록하자면서 감사 일기장을 숙제로 받아왔다.

"엄마, 나 짜증나는 일 생겼어. 오늘 학교에서 매일 하는 숙제가 생겼는데 뭔지 알아?" 퇴근 후 아들의 짜증에 나는 살짝 걱정이 되었다. 아이의 숙제를 매일 챙겨주지 못하는 워킹맘이라면 누구나 나와 같은 마음이 아닐까 하면서 물었다.

"매일 해야 하는 숙제가 뭐야? 얼마나 많길래 네가 이렇게 짜증이 났을까?"

"매일 세 개씩 감사한 일을 적으래. 선생님이 검사도 한다잖아. 하나만 적으라고 하면 좋겠는데 세 개씩 어떻게 적으라는 건지, 진짜 짜증 나."

아들의 대답을 들으면서 나는 속으로 외쳤다. '앗싸! 아들이랑 같이 쓰고 싶었던 감사 일기가 학교에서 숙제라니, 완전 감사하네.' 그리고 신나는 마음을 숨기고 대답했다.

"그렇구나. 매일 감사한 일을 적는 것도 힘들 텐데 세 개나 적으라고 하니 짜증이 났구나. 그런데 엄마가 감사 일기 적고 있는 거, 알지?"

"그럼, 알지. 엄마 벌써 2년 정도 된 거 아니야?"

아들이 감사 일기를 쓰기를 바라는 마음으로 언제나 아들이 잘 보이는 곳에 감사 일기를 펴두었던 시간을 기억하고 있었다.

"우와! 엄마가 감사 일기 쓰고 있는 거, 알고 있었구나. 사실, 엄마가 감사 일기 쓰면서 너무 좋았거든. 그래서 너도 같이 쓰면 좋겠다는 생각을 그동안 많이 하고 있었어. 그런데 학교에서 하라고 하니까 엄마는 솔직히 기분이 좋아. 엄마가 그동안 써봤으니까 처음 쓰는 아들한테 도움이 될 수 있을 거야. 걱정 하지 말고 우리 한번 해보자."

내 말에 아들은 도끼눈을 뜬 채 말했다.

"엄마는 글 쓰는 거 좋아하니까 그렇지, 나는 아니거든? 아무튼, 학교 숙제니까 안 할 수도 없고 엄마가 좀 도와줘."

그렇게 시작된 아들의 감사 일기는 '할머니가 맛있는 된장찌개를 해주셔서 감사합니다.

국어 시간에 숙제가 적어서 감사합니다. 엄마가 일찍 와서 감사합니다.' 내용이 대부분이었다. 어느 날, 담임선생님께서 아들에게 다른 감사 거리를 적어보라는 이야기를 하셨다.

"엄마, 선생님이 매일 똑같은 것만 적지 말고 다른 것도 적어보라고 하는데 나는 쓸 게 없어. 어떻게 하지?"

"그럼, 하루 중에 진짜 감사한 마음이 드는 거 적어 볼래?"

"그러니까 그게 뭐냐고? 나는 잘 모르겠어. 엄마가 좀 알려줘봐."

퉁명스러운 아들의 말에 내가 쓴 감사 일기를 보여주었다.

'푹 쉴 수 있는 집이 있어서 감사합니다. 가족이 모두 건강해서 감사합니다. 아들의 말을 들을 수 있는 귀가 있어서 감사합니다.'

"엄마 이게 뭐야? 귀는 누구든지 있고 집 있는 사람들도 많잖아. 이게 감사한 일이야?"

"그렇지. 니 말대로 누구나 귀는 있어. 그런데 귀가 안 들려서 소리를 못 듣는 사람도 있는 거 알지? 그리고 지하철 역 근처에서 집 없이 자고 있는 사람 본 적 있지? 그러니까 지금 우리는, 집이 있고 귀도 잘 들리니까 감사한 거 맞지."

내 말에 아들은 고개를 끄덕이면서 말했다.

"그러네. 말을 못 들으면 답답할 거 같고, 집이 없으면 내가 놀거나 잘 곳이 없으니까 안 되겠네. 역시 우리 엄마 똑똑하네. 엄마의 감사가 나의 감사! 엄마 덕분에 오늘 숙제는 빨리 끝났어. 고마워."

아들은 씨익 웃으며 혀를 내밀었다. 그 모습에 나도 빙그레 웃음이 나왔다.

그렇게 감사한 일을 3가지씩 기록하던 감사 일기가 중학생이 되면 없어질까 걱정을 했는데, 이건 또 무슨 신의 뜻인가?

아들이 입학한 중학교에서 발전된 양식의 '일취월장'을 만났다. 내가 쓰고 있는 감사 일기처럼, 제일 먼저 날짜를 적고 기분을 적도록 되어 있었다. 그리고 감사한 일 한 가지 적고, 저녁에는 오늘 하루를 돌아보면서 기억하고 싶거나 중요한 일을 적는 '일취월장'이었다. 일주일에 세 번 이상 감사 일기를 기록하고 있는 아들이 대견스러웠다. 감사 일기 하나만으로도 아들과 소통할 수 있어서 고마운 시간이다.

어쩌면 싱글맘인 덕분에 더욱 더 아들의 일상에 관심을 가지고 아들의 표정만 봐도 기분을 알아차릴 수 있는 마음이 깊어져가는 것은 아닐까?

싱글맘인 덕분에 부모님의 존재가 더욱 감사한 것은 아닐까?

싱글맘인 덕분에 내 주위 모든 것들에게 더욱 감사한 것은 아닐까?

싱글맘인 덕분에 감사 일기를 만나는 시간만큼 더욱 소중한 마음으로 나를 알아가게 된 것은 아닐까?

이혼을 처음 선택하고 싱글맘이 되었을 때 어둡기만 했던 내 인생에 한 줄기 빛이 되어 준 감사 일기와 함께, 나는 오늘도 아들과 소통하는 멋진 엄마로 살아가고 있음에 행복한 시간이다.

살면서 돌이킬 수 없는 후회를 하거나,
감당할 수 없는 나쁜 일이 생기는 게 슬픈 인생이 아닙니다.
후회할 일이 생기면 교훈을 얻을 수 있고요.
나쁜 일이 생기면 좋은 일의 소중함이라도 느낄 수 있으니까요.

KBS 드라마 〈그저 바라보다가〉 中

6장

대한민국에 한마디 할게요 :
싱글맘의 메시지는 무섭습니다

자녀면접교섭권, 누구를 위한 것인가요? : 방법은 다르게 해야 한다

어린 시절부터 유난히 아기를 좋아했던 나는 서른다섯 살 늦은 나이에 결혼을 해서 맞벌이를 하며 아이를 키우는 평범한 엄마였다. 누구보다 아이를 사랑했기에 아들이 태어난 이후 나를 위한 시간은 사치라는 생각을 할 만큼 직장에서 일하는 시간 이외에는 아들과 함께 했다.

혼자 오랫동안 살아온 아이 아빠 그리고 가족들과 부딪히며 살아온 나였다. 둘의 결혼생활은 처음부터 삐거덕거렸다. 지리온 환경도 다르고 성격도 다른 두 사람이 만나 한 가정을 이루었는데 처음부터 잘할 수는 없는 거라고 생각하면서 서로 맞추어가기 위해 노력했다.

　잠깐의 시간 이외에 아이 아빠는 직업상 타지에서 근무를 했고, 늦게 시작한 결혼생활이었기에 아들을 생각하면 둘 다 일을 해야 했다. 무엇보다 나는 내 일이 좋았다. 그래서 친정 엄마가 아들을 키워주겠다 하셔서 자연스럽게 맞벌이를 했고 주말 부부 생활을 하게 되었다. 둘 다 말을 많이 하는 성격이 아니었다. 내가 애교를 부리는 것도 아닌데다 각자의 고집도 둘째가라면 서러울 정도로 최강이었다. 몸이 떨어져 있는 시간이 많아지면서 자연스레 마음도 멀어졌다.

　그렇게 서로를 이해하지 못하고 각자 하고 싶은 말만 하고 다른 곳을 바라보면서 우리 둘의 평행선 싸움이 시작되었다. 말로 하는 평행선 싸움은 지치기는 했지만 그래도 견딜 만했다. 싸움이 거듭될수록 서로에게 상처만 남게 되는 것을 알면서도 나는 아들에게 온전한 가정을 만들어주고 싶었기에 참고 또 참았다.

　물론 아이 아빠도 그랬을 테지만 그런 시간들이 쌓이면서 결정적인 사건이 일어났다. 나를 욕하는 것도 모자라서 나의 부모님과 형제들을 욕하고 모든 것이 나의 잘못이라 탓하는 그 사람을 보면서 가슴이 답답해져왔다. 그래도 나는 참아야 했다. 아들을 위해서이기도 했지만 무엇보다 이혼을 하고 혼자 아이를 키울 자신이 없어서였다. 나의 이런 마음을 아는지 모르는지 그 사람은 끝내 내가 이혼을 결심하게 된 폭력을 사용했다.

나에게 그리고 친정아버지에게도 폭력을 사용하는 그의 무서운 눈빛에 '이대로 있다가는 여기서 이 사람에게 죽을 거 같다. 내가 사랑하는 아들도 제대로 키우지 못하고 내 인생도 제대로 살아보지 못하고 세상과 이별을 할 수도 있겠다.'하는 섬뜩한 생각이 들었다.

그 날 이후 나는 죽을 만큼 힘든 시간을 보내면서 결국 이혼을 결심했다. 이혼녀라고 손가락질 당할 수 있는 남의 시선도, 그동안 착한 딸로 말썽 한번 피우지 않았던 시간도 그 어떤 상황도 내 삶과 바꿀 수는 없었다. 친정 오빠의 도움을 받아 몇 번을 그 사람과 만나서 이야기한 결과 소송 없이 합의 이혼을 하겠다는 약속을 받았다. 하지만 그 사람은 약속을 지키지 않았다. 살면서도 약속을 잘 지키지 않았던 그 사람은 그렇게 마지막 약속마저 지키지 않았고 나는 어쩔 수 없이 소송을 선택했다.

변호사를 통해 아이 아빠에게 소장을 보내도 묵묵부답이었다. 위자료와 양육비를 청구하지 않겠다는 나의 뜻을 자신의 부모님에게서 전해 들었는지, 연락도 되지 않던 그 사람이 변호사 사무실에 나타났다.

지금 이 글을 쓰면서도 그때의 쓰라렸던 감정이 다시 떠오른다. 그 사람과 아이를 낳고 살아온 4년이라는 시간, 그리고 잘 하든 못 하든 시부모님이라고 마주했던 시간, 나는 진심을 다했다고 생각했는데 상대는 아니었다. 결국 돈이 문제였던 것이다.

위자료와 양육비를 청구하지 않겠다고 결심한 나의 이유는 소송 시간이 길어지면서 이미 마음이 떠난 그 사람을 계속 만나야 한다는 게 싫었고, 단 하루라도 빨리 어두운 동굴에서 빠져 나와 아들과 행복한 삶을 살고 싶어서였다.

그런데 그 사람은 아니었다. 돈이 아까웠던 것이다. 돈을 안 받는다고 하니 번개같이 나타나서는 바로 합의 이혼서에 도장을 찍었다. 아들보다 돈을 더 중요하게 생각하는 그 사람의 행동을 보며, 그간 남아 있던 약간의 미안함조차 없어져버렸다. 나는 빠르게 이혼을 진행했다. 소송은 하지 않더라도 가정법원에서 재판은 진행되었다. 재판이 진행되던 과정 중에 나는 어처구니없는 말을 변호사로부터 듣게 되었다. 네 살 된 아들이 미성년자이기 때문에 이혼을 하더라도 '자녀면접교섭권'이라는 것이 상대에게 주어진다고 했다. 한 달에 두 번 아이를 만날 수 있는 권한이다.

같이 살면서도 아들에게 따뜻한 말 한마디 하지 않고 온전한 사랑을 주지 않았던, 무엇보다 가정폭력이라는 이유로 이혼을 하게 되었는데 아이가 미성년자라서 무조건 '자녀면접교섭권'을 주어야 한다니 이게 무슨 말인가 싶었다.

이것은 정말 누구를 위한 법이란 말인가?

물론 아이와 아빠의 관계가 좋았던 상황이라면 당연한 권리이겠지만 폭력적인 모습으로 아이에게 상처를 남긴 사람에게, 단지 아빠라는 이유로 무조건 주어지는 권리라는 것은 말도 안 되는 소리 아닌가?

이혼하는 이유를 생각해본 적이 있다면 이런 권리를 어떻게 주장할 수 있을까?

부부 관계가 정말 좋고 아이와의 관계가 정말 좋은데 어쩔 수 없이 이혼을 하는 경우가 과연 얼마나 되는가? 100명 중 1명이나 될까? 아니 1,000명중 1명이나 될까?

가정법원은 도대체 무슨 생각으로 이런 권리를 지금까지 남발하고 있단 말인가?

자녀가 미성년자이기 때문에 자녀면접교섭권이 필요하다는 이 말에 전적으로 동의할 수 있는 싱글맘, 싱글 대디들은 몇 명이나 될까?

나 같은 경우도 말도 안 되는 소리라고 펄쩍 뛸 수밖에 없었다. 이혼을 하던 그 해 아들이 겨우 4살이었다. 아빠에 대한 좋은 기억도 없었다. 그런데 아빠라는 이유로 자녀면접교섭권을 이용해서 아들을 보러 오면, 겨우 네 살짜리 아들이 엄마 없이 아빠와 둘이서 나가려고 할까?

다른 아이들은 어떤지 모르겠지만 내 아이는 절대 아빠와 둘이 있으려고 하지 않았다. 서로 좋은 감정으로 이혼을 한 상황이 아님에도 불구하고 말도 안 되는 권리로 지긋지긋한 시간을 또 보내야 한다는 게 상식적으로 맞는 말인가?

나는 위임한 변호사에게 간곡하게 부탁했다.

"그 사람과 만나는 게 정말 싫어요. 아들을 혼란스럽게 하고 싶지 않습니다. 어떻게든 자녀면접교섭권 금지는 안 되나요?"

"법으로 정해진 사항이라 금지는 안 됩니다. 일단 횟수 조정을 한번 해보겠습니다." 변호사의 답변은 한숨이 나오게 했다.

'금지는 안 되지만 횟수라도 줄일 수 있으면 좋겠다.' 생각하면서 변호사의 답을 기다리고 있었다. 재판이 끝난 후 변호사는 나에게 자녀면접교섭권을 한 달에 한 번으로 줄였다는 소식을 전해주었다. 이런 말도 안 되는 권리가 있다는 것에 짜증은 났지만 횟수가 줄었다는 말에 마음 한편으로는 다행이다 싶었다.

그런데 다시 문제가 발생했다. 협의이혼서류에 '자녀면접교섭권은 한 달에 한 번 매월 둘째 주 토요일로 지정한다.'라고 되어 있었지만 평소 약속을 잘 지키지 않던 그 사람의 습성이 또 발동을 한 것인지 아들을 만나러 오는 기간이 뒤죽박죽이었다.

몇 달에 한 번씩 불쑥 연락해서 보러 온다고 하기도 하고, 내가 시간이 안 된다고 하면 소리를 지르고, 어느 때는 한 달에 몇 번씩 보자고 말도 안 되는 소리를 했다. 이혼을 했지만 자녀면접교섭권이라는 어처구니없는 권리 때문에 나는 또 한 번의 상처를 받고 아들 또한 혼란스러움에 빠져들기 시작했다. 변호사에게 자문을 구하고 여기저기 도움을 요청해 보았지만 별 뾰족한 수가 없었다.

그렇게 10년이라는 시간이 흘러 아들은 중학생이 되었고 지금도 아이 아빠를 가끔씩 만나고 있다. 3개월에 한번 올 때도 있고 6개월에 한번 올 때도 있고 대중없는 만남이지만 이제는 아들이 스스로 마음을 결정할 수 있으니 마음 한 구석에 불안함이 조금은 사라졌다. 나 또한 이미 재혼을 해서 다른 가정을 꾸리고 살아가는 그에게 예전처럼 발톱을 세우는 일은 없어졌다. 그럼에도 불구하고 '재혼을 해서 다른 아이를 키우는 그 사람이 왜 아들을 보러 오는 거지?'라는 생각에 마음이 불편할 때도 있었다.

'한참 예민한 사춘기인 아들에게 불쑥 찾아오는 아빠의 존재가 혼란스러움을 안겨주면 어떻게 하지?' 라는 걱정이 툭툭 치고 올 때면 대한민국 법관들에게 물어보고 싶었다.

"자녀면접교섭권이 왜 필요한 거예요?

누구를 위한 법인가요?

사람이라고 다 같은 사람인가요?

인권이라고 무조건 다 존중받아야 하는 건가요?

법이 왜 필요한지, 어떤 사람에게 적용되어야 하는지 직접 경험할 수 없다면

경험한 사람들의 마음의 소리를 들어주세요.

미성년자를 데리고 이혼한 싱글맘입니다.

저는 자녀면접교섭권이 절대 필요하지 않아요."

두루뭉술하게 만들어 놓은 큰 테두리 안에 모든 사람을 가두어놓을 것이 아니라, 자녀면접교섭권이 필요한 가정인지, 필요하다면 한 달에 몇 번 만나게 하는 것이 적정한지, 필요 유무를 생각해볼 기간은 얼마가 적당한지 등, 개별적으로 선택할 수 있도록 하는 과정이 필요하다.

시간과 인력이 드는 문제일 테다. 그러나, 자녀면접교섭권을 만들게

된 이유가 벌어진 가족 간의 유대를 좁히기 위함일 텐데, 근본적인 이유는 그대로 두고 방법을 세분화하여 각 가정에 맞도록 융통성 있게 조절하는 노력을 해야 한다고 본다.

법을 위한 법이 되지 않기를, 사람과 사람을 위한 법이 되기를, 그래서 싱글맘 싱글 대디 아이들이 안정된 마음과 환경 속에서 성장할 수 있도록 도와주기를 바란다. 싱글맘인 우리 역시, 법이 어떠한지, 우리 아이들을 위해 어떤 부분이 개선되어야 하는지, 지속적으로 관심을 가지고 고민하며 문제에 대해 자신의 의견을 이야기할 수 있어야겠다.

문제가 생기면 해결하고 그 다음에도 문제가 생기면 또 해결하면 될 뿐이야.
그게 전부고 그러다 보면 살아서 돌아가게 될 거야.

영화 〈마션〉 中

2

편의시설을 설치하는 기준은 무엇인가요? :
우리도 국민입니다

나는 아들이 네 살 때 싱글맘이 되었다. 처음 이혼을 선택하고 싱글맘이 되었을 때는 주위 시선들이 걱정되어 스스로 어두운 동굴 속에 갇혀 살기를 선택했다. 하지만 내가 아들을 키우겠다고 데리고 왔으니 어떻게든 살아내어야 했다. 다행히 친정 부모님께서 주 양육자가 되어주신 덕분에 직장에서 계속 일을 할 수 있었다. 싱글맘이지만 누구보다 아들을 사랑하면서 잘 살아가고 싶었고 그렇게 살고 있었디.

그런데 나는 엄마이고 아이는 아들이다 보니 여러 가지 감당하기 힘든 불편함이 생겨나기 시작했다. 제일 먼저 나에게 찾아온 문제는 목욕탕이었다. 5살까지는 아들과 함께 여탕에 갈 수 있었다. 빌라 1층에 살고 있는 우리는 겨울에는 꼭 목욕탕을 가야 했는데 아들이 6살이 되면서부터 함께 목욕탕에 갈 수 없었다.

어느 겨울 날, 집에서 목욕을 하는데 아들이 춥다고 짜증을 부렸다. 순간 화가 난 나는 큰 소리로 아들을 혼냈다.

"그러니까 할아버지 따라서 엄마가 목욕 가라고 했잖아! 이제 엄마 따라 갈수도 없는데 왜 엄마 말 안 들어?" 내 목소리에 놀란 아들은 울면서 내 가슴으로 파고 들었다.

"엄마, 소리치지 마. 무서워. 내가 잘못했어. 이제 할아버지 따라 목욕탕 갈게."

우는 아들을 안아주면서 내가 무슨 짓을 하고 있는지 정신이 번쩍 들었다. 아들이 잘못한 일이 아니었다. 내가 아들에게 의견도 물어보지 않고 이혼을 했고 아들을 데리고 왔으면서 누가 누구에게 화를 내고 있는 건지 내가 한심했다.

가만히 생각해보니 내가 어린 시절에는 온천에 가족탕이 있었다. 그래서 다른 사람 눈치 보지 않고 가족끼리 따뜻하게 목욕을 할 수 있었다. 어느 순간부터 장사가 잘 안 되었는지 하나 둘씩 사라지기 시작하더니 지금은 찾아볼 수가 없다. 이럴 때 가족탕이라도 있다면 아무런 신경 쓰지 않고 아들과 함께 목욕할 수 있을 텐데……

엄마 혼자 아들을 키우는 싱글맘도, 아빠 혼자 딸을 키우는 싱글 대디도 어쩌면 나와 같은 경험을 한번쯤 하지 않았을까 싶다. 그렇게 한바탕 전쟁 이후 아들은 겨울이면 할아버지와 목욕탕을 가고 가끔은 외삼촌들과 목욕탕을 가기도 했다.

어린 아이들은 누구나 그러하듯이 아들도 예외 없이 물놀이를 좋아했다. 내가 어린 시절에는 강물에서 수영을 하고 놀았지만 지금은 그런 시대가 아니어서 시설은 끝내주게 좋지만 이용하는데 불편함이 또 생겼다.

워터파크는 규모도 크고 남여 탈의실을 통해서 입구까지 나오는 길도 생각보다 복잡하고 길다. 그렇다고 항상 외삼촌들과 함께 움직일 수도 없고, 아들 혼자 옷을 갈아입고 길을 찾을 수 있을 때까지 놀러 못 간다고 할 수도 없는 일이어서 엄마인 나로서는 미안할 때가 많았다. 나와 같은 처지에 있는 사람들을 위해 서비스로 아이들 혼자 수영장으로 못 나갈 경우 도와주는 사람들이 있는 워터파크는 생각보다 많지 않다. 여러 가지 경험들을 하게 해주고 싶은 나의 마음도 있었고 매일 똑같은 워터파크만 갈 수도 없었기에 도와주는 사람들이 없는 곳에 갈 때는 마음이 불안했다.

여섯 살 아들과 함께 워터파크에 갔는데 그 곳에는 별도로 도와주는 사람들이 없었다. 답답하더라도 수영복은 미리 입혀서 데리고 갔지만 남자 탈의실을 혼자 통과해서 수영장 입구에 나가야 하는 아들은 겁을 잔뜩 먹고 있었고 나 역시 걱정스런 눈으로 아들을 바라보고 있었다.

이런 나와 아들을 쳐다보던 아저씨 한 분이 나에게 걱정하지 말고 옷 갈아입고 나오라고, 아들을 데리고 수영장 입구로 나가주겠다고 하셨다. 낯선 사람이라 경계하는 아들을 안심시키고 나는 감사하다는 인사와 함께 얼른 옷을 입고 나갔다. 마음씨 좋아 보이는 아저씨는 아들을 데리고 내가 나올 때까지 수영장 입구에서 기다려주셨다. 얼마나 감사했는지 모른다.

그렇게 아들과 나는 신나게 물놀이를 하고 지칠 때쯤 집으로 돌아올 시간이 되었다. 또 한 번 탈의실을 어떻게 통과할지 걱정이 되었다. 아들이 나를 보면서 말했다.

"엄마, 내가 길 잘 찾는 거 알지? 걱정 하지 마. 아까 들어올 때 길 잘

봐뒀어. 엄마가 수영복에서 물만 안 떨어지게 잘 닦아주면 나 혼자 나가서 기다릴 수 있어."

엄마보다 생각이 더 깊은 아들을 보면서 주책없이 또 눈물이 흘렀다. 얼른 수영복 물기를 닦아 주고 수건을 감싸 주면서 말했다.

"엄마도 수영복 물기만 닦고 바로 옷 갈아입고 나갈 테니까 신발장 앞에서 기다려." 그리고 남자들이 들어가는 통로로 아들을 들여보냈다. 아들이 길을 잘 기억한다는 것을 어릴 때부터 알고 있었지만 불안했다. 최대한 서둘러 신발장 앞으로 나갔을 때 씩씩하게 엄마를 기다리고 있는 아들을 꼭 안아주면서 생각했다.

비록 많지는 않더라도 아들을 키우는 싱글맘도 많고 딸을 키우는 싱글대디도 있을 텐데, 다른 사람들과 똑같이 대한민국에 세금을 내고 있는 국민인 우리를 위해서 편의시설을 좀 더 늘려줄 수는 없을까? 워터파크에 가족 탈의실이나 가족 화장실 정도만 설치해준다면 편안한 마음으로 마음껏 신나게 즐길 수 있을 텐데 말이다. 소수를 위해 이런 시설을 갖추는 게 어렵다면 위에서 얘기한 것처럼 도움을 주는 안내요원들이라도 한두 명씩 근무해준다면 얼마나 좋을까?

무조건 참고 살던 예전 부모님 시대에 비하면 요즘은 부부들은 맞지 않으면 서로의 행복을 위해서 헤어지고 사는 경우도 많아졌다. 그런 시대의 흐름에 맞게 편의 시설이나 행정적인 부분도 조금은 달라져야 하지 않을까?

싱글맘, 싱글 대디의 상황을 진심으로 이해하고 우리들이 행복하게 살 수 있도록 대한민국 법을 만드는 분들, 한번 들어봐주세요.

저는 아들을 키우는 싱글맘입니다.

아들이 좋아하는 물놀이를 아무 걱정 없이 할 수 있도록 가족 탈의실 좀 만들어주세요.

가족 샤워장 좀 만들어주세요.

몇 명이나 이용할지 몰라서 말도 안 되는 주문인가요?

그럼 아들이 편안하게 남자 탈의실을 통과할 수 있도록 안내원들 채용은 좀 해주실 수 있나요?

싱글맘, 싱글 대디가 되려고 기를 쓰는 사람들이 있을까요?

살다 보니 그렇게 되었어요. 그래도 아이를 버리지 않고 키우겠다고 아등바등 살잖아요.

우리도 대한민국에 세금 내고 살고 있는 국민입니다.

대한민국 정부에 건의합니다.

가족화장실, 가족탈의실, 가족탕, 가족샤워장 등 가족이 함께 할 수 있는 공간 좀 넓혀주세요. 싱글맘도 싱글 대디도 행복하게 살 수 있는 세상을 만들어주세요.

신 앞에서 우리는 모두 평등하게 현명하고 똑같이 어리석다.

알버트 아인슈타인

3

한 부모 가정의 지원 기준 근거는 어디서 나왔을까요? :
다시 한 번 돌아봐주세요

아빠 없이 자란 아이라는 소리를 듣게 하고 싶지 않아 아들을 몸과 마음 다해 키웠다. 아들의 초등학교 입학식 날, 눈물이 났다. 아들을 사랑으로 키워주신 부모님께 감사한 마음과 함께 엄마를 이해하면서 자라 준 아들에 대한 고마움에 가슴이 벅찼다.

며칠 후 아들은 학교에서 교육비 지원에 관한 안내문을 받아왔다. 처음 보는 안내문을 읽는데 내 눈에 들어오는 문구가 있었다. 교육비 지원

대상에 표시된 '한 부모 가정'이었다. 안내문을 보면서 내가 초라해지고 아들에게 미안한 마음이 들었다.

'교육비 지원 못 받아도 평범한 가정에서 자라는 게 좋았을 텐데…….' 하지만 현실을 돌아보면서 교육비를 지원 받을 수 있으면 좋겠다 싶었다. 방과 후 학교 수업료, 현장학습 체험비 등 학교에 들어가는 비용 중 일부분을 지원받을 수 있다는 내용이었다.

인터넷이나 거주하는 주민 센터에 가서 신청하면 되는 일이었다. 직장을 다니고 있는 나는 일부러 주민 센터에 가는 것보다 인터넷 사이트에 접속을 했다. 순서대로 빈 칸을 채워 내려가던 중, 함께 거주하는 가구원 전체 인증서가 필요하다는 메시지가 나왔다.

나는 부모님과 함께 거주하고 있어서 부모님의 인증서가 필요했다. 하지만 어른들은 금융거래는 주로 은행에 직접 방문해서 하니까 인증서가 없었다. 가구원 인증서가 없으면 주민 센터에 가서 신청하면 된다는 메시지를 보고 조금 일찍 퇴근을 하고 주민 센터로 갔다.

솔직히 부끄러웠지만 용기 내서 담당공무원을 만났다. 그런데 한 부모 가정이라고 전부 지원 되는 것이 아니라 심사기준이 있다고 했다. '한 부모 가정이면 무조건 주는 거지, 심사 기준은 또 뭐지?' 안 그래도 부끄럽고 초라한데 까다로운 기준에 짜증이 났다.

"심사 기준이 어떤 건지 알고 싶습니다."

"처음 신청하는 건가요?"

담당공무원은 사무적인 어투로 물었다.

"네. 아이가 올해 초등학교 입학을 해서 처음 신청합니다."

"직장은 다니세요? 연봉은 어느 정도 되나요? 재산은요? 예금은요?"

여러 질문들이 쏟아졌고 나는 하나씩 답을 했다. 내 대답을 들은 담당
공무원이 담담하게 얘기했다.

"일단 선생님은 근로소득이 4인 가구 평균보다 높습니다. 자동차도 있
고 예금도 있네요. 다른 기준을 안 보더라도 근로소득에서 이미 기준을
넘어서 지원 받을 수 없습니다."

황당했다. 한 부모 가정을 지원해준다고 해놓고 이런 기준을 만들어
두었다니 이해할 수 없었다. 이게 바로 탁상행정 아닌가 싶은 생각이 들
면서 화가 났다.

"한 부모 가정의 아빠나 엄마들은 월급을 많이 받으면 안 된다는 말인
가요?" 담당공무원에게 따질 일은 아니었지만 나도 모르게 짜증 섞인 목
소리로 되물었다.

"선생님, 죄송합니다. 선생님 마음 충분히 알지만 나라에서 정한 법이

니까 저희 같은 공무원들이 어떻게 알겠습니까?" 예상했던 답이 돌아왔고 더 이상 할 말이 없어진 나는 뒤돌아서 나왔다.

주민 센터를 나와 집으로 돌아오는 길, 하염없이 눈물이 흘렀다. 싱글맘인 내가 밉고 초라해서, 인정 하고 싶지 않은 탁상행정에 억울해서 울었다. 집에 돌아와서 한 부모 가정에 대해 인터넷으로 검색을 해보았다.

한 부모 가정의 정의는 내 현실과 일치했다. 그런데 나라에서 지원해 주는 한 부모 가정의 기준점을 읽어 내려가면서 정말 답답한 마음이 들었다.

한 부모 가정이면 소득이 높아야 아이를 잘 키울 수 있지 않은가?

싱글맘과 싱글대디는 최소한의 돈을 버는 곳에서만 일해야 하는 건가?

도대체 무슨 생각으로 이런 법을 만들고 기준을 정하는 것인가?

나도 똑같이 세금 내고 살아가는 대한민국 국민인데 지원을 왜 못 받지?

한 부모 가정에 대한 지원 기준이 바뀌어야 옳다는 생각을 했다.

그래서 법을 만드는 사람에게 편지를 써본다.

'법관님 안녕하세요? 저는 아들을 키우고 있는 10년 차 싱글맘입니다.

건의하고 싶은 게 있어서 이렇게 편지를 씁니다.

편지를 쓰고 있는 지금 제 아들은 중학교에 입학을 했습니다.

중학교에서도 여전히 한 부모 가정이지만 교육비 지원은 받을 수가 없습니다.

대한민국에서는 한 부모 가정이라도 지원 받을 수 있는 기준이 있기 때문입니다. 법관님이 만든 기준을 알고 계시나요? 그리고 그 기준이 한 부모 가정에 적용이 되어야 한다고 생각하시나요? 기준을 정할 때 한 부모 가정을 대상으로 조사 한번 해본적 있으신가요?

지금부터 6년 전 제 아들이 초등학생이 되고 난 후 저는 처음으로 한 부모 가정이 여러 가지 지원을 받을 수 있다는 사실을 알게 되었습니다. 그런데 제 기준에서는 상상조차 하지 못한 기준이 있다는 것도 알았습니다. 한 부모 가정 지원 기준 중에 제일 크게 작용하는 부분이 근로소득이라고 합니다.

혼자 벌어서 아이를 키우기 때문에 돈이 더 많이 필요한 게 한 부모 가정입니다. 한 부모 가정이지만 저소득층이어야 지원을 해 준다는 이유를 알고 싶습니다. 아빠 없이 아이를 키우는 것도 미안한데, 저 같은 싱글맘은 근로소득이 많으면 안 되는 건가요?

아이를 키우는데 들어가는 비용과 시간이 오히려 한 부모 가정일수록 어렵고 힘이 듭니다. 도와 줄 상대가 없기 때문이죠. 그래서 돈도 벌어야 하고 아이와 함께 하는 시간을 만들기 위해 더 많이 노력해야 합니다.

이런 상황, 이해가 되시나요?

우리나라에 살고 있는 한 부모 가정을 다시 한 번 돌아봐주세요.

대한민국 국민으로 나라에 꼬박꼬박 세금도 내고 살지만 틀에 박힌 기준 때문에 아무런 혜택도 받지 못한 채 살아가는 한 부모 가정이 저 혼자만은 아니라고 생각합니다.

한 부모 가정을 지원해 주는 데 제일 큰 기준점이 무엇이 되어야 할지, 법관님의 현명한 판단을 기다립니다.

싱글맘이, 싱글 대디가 마음 놓고 이 나라 국민으로 함께 살아갈 수 있도록 도와주세요.

한 부모 가정이면 누구나 다 지원 받을 수 있는 평등한 대한민국에 살고 싶습니다.

10년차 싱글맘이 마음 담아 편지를 보냅니다.'

한 부모 가정 누구나 나라에서 보듬어주는 날이 빨리 오면 좋겠다.

만인이 법 앞에 평등한 국가만이 안정된 국가다.

아리스토텔레스

4

중학교 원서에 사유서는 왜 필요한가요? :
경험하지 못했다면 이해하기 힘들다

아들이 중학교 입학을 했다. 초등학교 졸업 전, 중학교 배정 관련 원서를 받아왔다. 벌써 중학생이 된다는 생각에 걱정 반, 설렘 반이었다. 처음 작성해보는 원서니까 꼼꼼히 들여다보았다. 작성방법을 읽어 내려가다 나를 멈칫하게 하는 서식이 있었다. 부모가 함께 거주하지 않는 경우, 특별 사유서를 작성하라고 되어 있었다.

'이건 또 뭐지? 부모는 무조건 함께 살아야 하는 건가? 특별 사유서가 왜 필요한 거지?' 의아함과 함께 내가 초등학교 입학했던 시절이 생각났다.

"집에 텔레비전 있는 사람 손들어보세요. 냉장고 있는 사람 손들어보세요……." 선생님의 질문에 움츠러들 수밖에 없는 나였다.

아들의 중학교 원서를 보면서 나의 기억 한 구석, 가난했던 어린 시절 선생님의 질문들이 속상했던 순간이 떠오른 이유를 나는 안다. 필요 없는 질문들이었다고, 누군가에게는 상처를 줄 수 있는 질문들이었다는 생각을, 어른이 된 지금도 가지고 있기 때문이다. 중학교 원서에 부모가 함께 거주하지 않는 특별 사유서를 작성하라는 문구에 화가 나는 이유도 비슷한 맥락이다.

아들에게 물었다.

"중학교 원서에 특별 사유서 첨부해야 하는 이유가 있네. 알고 있었어?"

아들이 바로 대답을 했다.

"엄마, 내가 말도 안 해줬는데 어떻게 알아? 선생님이 얘기해주셨어. 특별 사유서 적어오라고."

"혹시 너를 불러서 선생님이 그렇게 얘기했어?"

괜한 자격지심에 아들에게 따지듯이 물었다.

"아니. 반 친구들 전부 있는 데서 그냥 얘기해주셨는데, 왜 그래?"

아들의 말을 듣는데 가슴이 아팠다. 잠시 선생님을 원망한 내가 부끄럽기도 했다.

선생님이 무슨 잘못이 있다고 아들에게 따져 묻고 있는 걸까?

내가 선택한 이혼으로 아들이 중학생이 되는 새로운 길에 아픔을 주는 못난 엄마여서 눈물이 났다. 갑자기 우는 나에게 아들이 당황해서 물었다.

"엄마, 왜 울어? 무슨 일이야?"

"엄마가 미안해. 너에게 상처를 주어서. 아빠와 헤어지겠다고 선택한 건 엄마인데 니가 상처를 받을까봐 속상하고 미안해서 그래. 다른 친구들은 이런 사유서 필요 없잖아. 그런데 아들은 엄마 때문에 사유서도 적어야 하고 속상하지?"

"아니, 엄마 괜찮아. 나 아빠 없이도 잘 사는데 뭐. 엄마가 나한테 얼마나 잘 해주는지 알아. 그리고 할아버지 할머니도 계시고. 그러니까 엄마, 울지 마."

나보다 더 생각이 깊은 아들을 힘껏 안아주면서 고맙고 미안한 마음을 대신했다.

이렇게 한바탕 폭풍우를 겪은 후 중학교 원서에 기록을 했다. 또 다시 특별 사유서를 작성하던 중 이해되지 않고 짜증이 났다.

'부모가 꼭 한 집에 살아야 하는 법은 누가 정한 거지? 일터와 집이 멀어서 일수도 있고, 나처럼 이혼을 해서 따로 살 수도 있고, 여러 가지 상황들이 있을 텐데 굳이 서류를 기록해야 하는 이유가 뭘까? 새로운 시작을 하는 아이들에게 이렇게 상처를 주어야 할까? 괜찮다고 말하는 아들의 마음은 진심일까? 엄마가 우니까 속마음을 숨기고 있는 것은 아닐까?' 별별 생각이 다 들었다.

누차 주장한다.

싱글맘도, 싱글 대디도 대한민국이라는 같은 하늘 아래 살고 있는 국민이 아닌가?

그런데 왜 이런 차별을 받아야 하는 거지?

차별이라 생각하는 것 또한 나의 자격지심인가?

이 글을 읽는 누군가는 특별 사유서에 '이혼'이라는 두 글자만 적으면 끝날 텐데 뭘 이렇게 복잡하고 유별나게 생각하는지 모르겠다고 말할 수도 있다.

　가난을 경험하지 못했다면 가난한 사람들을 이해하기 힘들다.

　폭력을 경험하지 못했다면 폭력을 당한 사람들을 이해하기 힘들다.

　평범한 가정에서 자랐다면 특별한 가정에서 자란 사람들을 이해하기 힘들다.

　싱글맘이 되어보지 못했다면 싱글맘의 상황을 이해하기 힘들다.

　내가 경험해보지 못한 일을 이해하고 공감하기는 힘들다.

　책, 혹은 누군가의 말을 통해서 간접적으로 듣고 이해된다고 말은 할 수 있지만 진짜 그 상황이 되지 않고서는 이해 못 하는 부분들이 너무 많다.

　이 글을 쓰고 있는 나 역시 부모님의 도움 없이 오롯이 혼자만의 힘으로 아이를 키우는 싱글맘, 싱글 대디를 완전히 이해할 수 없다. 나는 부모님의 도움을 받으면서 아이를 키우는 싱글맘이기 때문이다. 그리고 나는 혼자만의 힘으로 아이를 키우는 싱글맘보다 육체적으로 덜 힘들고 시간적으로 자유도 더 있다. 그래서 이런 글도 쓸 수 있다. 아들을 돌봐주시는 친정 부모님께 감사드린다.

덕분에 나와 같은 싱글맘들이 조금이라도 불편한 시선에서 벗어나 당당하고 자신 있게 살아갈 수 있도록 제도적인 부분들에 제안을 해본다.

싱글맘이 자랑은 아니다. 그렇다고 숨길 일도 아니다.

나는 내 아들에게 떳떳한 엄마이고, 아들에게 길잡이가 되어줄 수 있는 엄마가 되기 위해 글을 쓰고 책을 읽고 공부를 한다.

나도 내 현실에 갇혀서 지하 몇 천 미터 동굴 속에 숨어 지낼 때가 있었다.

이런 내가 바뀔 수 있었던 것이 글쓰기, 책 쓰기의 힘이었다.

싱글맘 여러분! 대한민국 국민으로 당당하게 우리도 주장을 펼쳐봐요.

마음의 짐을 함께 나눌 수 있는 공간으로 초대합니다.

제 마음이 담긴 책 속으로 놀러 오세요.

함께 웃으면서 아이들의 길잡이가 되어주고, 나 자신을 사랑하는 자존감 있는 나로 더 넓은 세상에서 춤출 수 있기를 기대합니다.

본인의 삶에 대한 기대치가 있느냐 없느냐에 따라
누구는 성공한 어른이 됐고,
누구는 실패자가 됐다.

J. D. 밴스, 『힐빌리의 노래』, 흐름출판

후견인 제도는 누구를 위한 것인가요? :
엄마라면 해야 할 일

아이가 있는 경우 이혼을 하게 되면 친권자를 지정하게 되어 있다. 이혼을 하면서 나는 아들의 친권자로 가족관계 서류를 정정했다. 친권만 있으면 모든 권리가 내게 있다고 믿었고, 혹시 내가 잘못되면 아들을 키워주는 친정 부모님께 권리가 주어진다는 생각을 하고 있었다. 어느 날 내가 근무하는 회사에 손자 둘을 키우는 할머니께서 보험을 넣겠다고 찾아오기 전까지는 말이다.

아들과 며느리를 먼저 떠나보낸 그 할머니는 손자 둘을 키우고 계셨다. 우리 아들은 외할아버지 집에서 살고, 그 아이들은 친할아버지 그러니까 할아버지 집에서 살고 있었다.

할아버지, 할머니가 나이가 들어가니 아이들이 클 동안 경제적인 부분도 신경 쓰이고, 요즘은 사건 사고가 워낙 많으니까 혹시나 하는 일에 대비하고 싶어서 할머니가 보험을 넣고 싶다고 오셨다.

내가 근무하는 곳은 대구광역시이지만 위치가 팔공산 밑에 자리하고 있는 농촌 지역이어서 회원 분들의 가정환경을 거의 다 알고 있다. 나도 이혼을 하고 부모님 집에서 살고 있고, 내 아들 역시 외할아버지, 외할머니가 주 양육자여서 그 분의 마음을 충분히 이해할 수 있었다. 할머니를 뵈면서 다른 직원들보다 내가 더 마음이 더 쓰이는 건 당연했다.

미성년자를 피보험자로 보험 계약을 하려면 친권자의 동의가 필요하다. 친권자가 없을 경우 후견인이 필요하다. 앞에서 얘기 했듯이 손자들의 보험을 넣고 싶다는 할머니는 아들과 며느리가 이미 저 세상 사람이 되어버렸다. 아이들이 아주 어릴 때부터 키워오셨다. 보험 서류에 아이들을 키우는 할머니가 후견인에 서명하는 것이 당연하다 생각했고 어떤 의문도 가지지 않았다.

그런데 생각지도 못했던 문제가 다음 날 발생했다. 심사 팀에서 전화가 왔다. 후견인은 법원에서 결정 받아서 가족관계 서류에 등재되어 있어야 한다고 했다. 나는 내가 이혼할 당시를 떠올렸고 아들의 친권을 내가 가져왔듯이 법원에 신청하면 당연히 아이들을 키우는 할아버지 할머니가 후견인이 된다고 믿고 있었다.

여튼, 보험 계약을 한 회원에게 연락을 드려서 상황을 설명했다. 아이들에게 꼭 보험을 넣어주고 싶다고 하신 회원은 법원에 갔다 온 뒤 연락을 한다고 했다. 법원을 찾아 간 회원도, 나도 당연히 후견인을 지정 받아 올 수 있다는 것에 의심하지 않았다.

그런데 법원에 다녀온 회원에게서 믿을 수 없는 이야기를 들었다. 후견인은 아이들 기준으로 친가 외가 어른들 중 나이가 많은 사람들이 우선순위로 지정이 된다고 한다.

'이건 또 무슨 말도 안 되는 소리지? 아이들을 친가에서 키우는데, 외가에서는 아이들 얼굴도 보러 오지 않는데, 단지 나이가 많다는 이유로 후견인이 된다고? 이건 정말 누구를 위한 법인 거야?'

말도 못하는 아이들을 데려다 고등학생이 되도록 키우던 친할머니가 외할머니보다 나이가 적다는 이유로 후견인이 될 수 없다는 사실에 누구보다 충격 받으신 회원 분은 나에게 오셔서는 억울함을 토로했다.

"자식들 먼저 보내고 지금까지 내가 누구보다 우리 손자 둘 잘 키우려고 얼마나 노력했는데……. 혹시 아이들 어릴 때 내가 죽으면 이놈들 어떻게 자랄까 싶어서 저축도 하고 부모 없는 자식이라 손가락질 받을까봐 내가 죽기 살기로 키웠어요. 그동안 외가에서는 얼굴 한번 안 보이다가 내 자식 앞으로 있던 아파트 소유권 이전 얘기 나올 때 외삼촌이라는 사람이 잠깐 얼굴 보인 게 전부입니다. 어떻게 후견인이 내가 안 된다는 건지……."

뒷말을 잊지 못하고 눈물 흘리던 그 분의 얼굴이 다시 떠오른다. 그 분의 억울함을 충분히 이해할 수 있었다. 나와 비슷한 상황이어서 더 공감이 되었고, 말도 안 되는 일이었기에 같이 흥분할 수밖에 없었다.

나와 내 아들의 아빠가 이 세상 사람이 아니고, 아들의 기준에서 후견인이 될 수 있는 친가와 외가를 따져보았다. 아들이 태어나서 지금까지 아들을 키워준 외가보다 친가 어른들 나이가 더 많다. 현재 우리나라 법으로 보면 아들의 후견인은 이혼 후 단 한 번도 본 적 없는 친가 할아버지, 할머니가 된다는 뜻이었다.

아무리 내가 직장을 다닌다고 해도 싱글맘으로 힘들게 살았다. 이혼 후 아들에게 그 흔한 옷 한 벌 사준 적 없고 얼굴 한 번 본 적 없는 친가 어른들이 후견인이 된다는 게 말이 되나? 아들이 태어나서부터 지금까지 키워 준 외가 어른들, 그러니까 내 부모님은 아무 권리가 없다는 것이 이해되지 않았다.

도대체 법원에서는 무슨 생각을 가지고 있는 건지, 정말 탁상행정만 하는 대한민국 법관들에게 물어보고 싶다.

"당신이 지금 만약에 이런 상황이라면 후견인 제도 받아들일 수 있나요?

말도 못하는 핏덩이를 지금까지 키웠는데, 단지 나이가 많다는 이유로 키우지도 않은 사람들이 후견인이 된다는 사실을 인정할 수 있나요?

이러니까 재산 싸움이 일어나고 나쁜 일들이 생기는 거 아닌가요?

제발 부탁드립니다. 한 번만이라도 한 부모 입장이 되어서 생각해주세요.

재산이 문제가 아닙니다. 아이들에게 두 번의 상처를 준다는 것을 정말 모르시나요?

부모의 이혼으로, 부모의 부재로 이미 상처 받은 아이들에게 얼굴도 모르는 어른들이 어느 날 갑자기 후견인이 된다면 아이들 마음은 어떨까요?

평범하지 않은 가정에서 자라고 있는 아이들의 입장에서 생각해주시길 부탁드립니다."

우리 아이들을 위해서라도 싱글맘들이 힘을 내고 용기를 내야 한다. 한 사람의 목소리는 공허하지만, 백 명이 천 명 되고 천 명이 만 명 되어 울려 퍼지는 목소리는 우리 아이들이 어른이 되었을 때 즈음, 더 살기 좋은 나라를 만들기에 충분하다 믿는다.

우리 아이들이 지금보다 더 행복한 나라에서 살 수 있도록 세상을 조금 바꾸어놓는 것, 그것이 우리 싱글맘들이 아니, 모든 엄마들이 해야 할 일 중 하나이다.

진짜 위기는 그것이 위기인 줄 모르는 것,
더 위험한 것은 알면서 아무것도 하지 않는 것,
그것보다 더 큰 위기는 위기인 줄 알면서
나 혼자만 살려고 하는 것이다.

MBC 예능 프로그램 〈무한 도전〉, 유재석의 말 中

도서 리스트 52권

자녀 양육

1. 『엄마수업』, 법륜스님

– 엄마라면 누구나 읽어야 할 책이고 나와 아이의 존재로서 가치를 인정하

여 서로의 응원군으로 살아가게 해준다.

2. 『내 아이를 위한 감정코칭』, 존가트맨, 최성애, 조벽

– 엄마의 감정에 따라 아이의 삶이 변한다고 하니 엄마인 내가 어떻게 살

아야 하는지 많은 생각을 하게 해준다.

3. 『자신의 생각을 표현하는 아이로 키워라』, 원종배

– 엄마가 아이를 어떻게 이끌어주어야 하는지 자세히 안내해준다.

4.『아이를 위한 하루 한 줄 인문학』, 김종원

– 아이의 마음을 읽어주고 내 마음을 알아가면서 꿈을 키울 수 있게 해준다.

5.『어떻게 말해줘야 할까?』, 오은영

– 아이의 행동을 지적하기보다 인정하고 함께 극복해나가는 엄마가 될 수

있게 해준다.

6.『독이 되는 부모가 되지 마라』, 저자 수잔포워드

– 부모가 말하는 대로 자식이 자란다는 이야기가 가슴에 남는 책으로, 꿈을

키워가는 엄마의 모습을 보여주면서 아이에게 길잡이가 되어 줄 수 있다.

7.『모신』, 임종렬

– 엄마가 어떤 사람인지 엄마의 역할부터 아이와의 관계가 자세히 안내되

어 있어서 함께 성장할 수 있다.

8.『강한 엄마 부드러운 질문 50가지』, 백미정

– 엄마로서 아이에게 전할 수 있는 마음들이 정리되어 있어 공감이 된다.

9. 『생각의 비밀』, 김승호

– 매일 100번씩 100일간 상상하고 쓰고 외쳐라. 말의 힘이 얼마나 큰지 배

울 수 있다.

10. 『부자 아빠 가난한 아빠』, 로버트 기요사키

– 꿈과 환경을 선택하고 그를 향해 나아갈 수 있는 방법들이 제시되어 있다.

11. 『그릿』, 앤젤라 더크워스

– 성공하기 위한 열정, 노력, 끈기의 가치를 알려준다.

12. 『백만장자 시크릿』, 하브 에커

– 부자 마인드를 배우면서 나의 꿈의 그릇을 키우고 아이에게 든든한 후원

자가 될 수 있는 방법을 안내해준다.

13. 『구본형의 필살기』, 구본형

– 내가 무엇을 잘하는지 필살기를 찾고 그것을 통해 성장하는 나를 만나고

아이의 필살기를 함께 찾아줄 수 있다.

14. 『웰씽킹』, 켈리 최

– 부의 흐름을 완전히 전환하고 나의 미래를 상상하며 앞으로 나가는 법을

배울 수 있다.

15. 『목표 그 성취의 기술』, 브라이언 트레이시

– 목표 달성에 관한 강하고 현시적인 방안을 배울 수 있다.

16. 『변화의 시작 5AM 클럽』, 로빈 샤르마

– 질문을 통해 내가 가고 싶은 방향을 결정하고 분명한 목적과 동기를 다
시 알게 해준다.

17. 『타이탄의 지혜들』, 데이비드 M. 루벤스타인

– 세계 최고의 성공자들을 인터뷰 하여 그들의 경험담을 배울 수 있다.

18. 『사람은 무엇으로 성장하는가』, 존 맥스웰

– 사람의 성장을 도와주는 15가지 성장 불변의 법칙을 통해 내가 나갈 길
을 바라볼 수 있다.

19. 『돈의 속성』, 김승호

– 나에게 꼭 필요한 충고를 찾을 수 있는 책이다.

20. 『배움을 돈으로 바꾸는 기술』, 이노우에 히로유키

– 단순하게 공부만 하는 것이 아니라 성과로 이어주는 방법을 안내해준다.

21. 『타이탄의 도구들』, 팀 페리스

– 세계 최정상에 오른 사람들이 직접 밝힌 생각, 습관, 비밀을 알게 되고
그것을 통해 내 삶에 적용할 수 있다.

22. 『부의 추월차선』, 엠제이 드마코

- 지금까지 부자 되기의 책들과는 다른 방법을 제시하고 나도 할 수 있다
  는 희망이 생겼다.

23. 『1만 시간의 법칙』, 이성훈

- 1만 시간동안 어떤 단계를 거쳐 실천하고 성공했는지 잘 안내해 준다.

24. 『백만장자 메신저』 브렌든 버처드

- 저자의 경험과 지식을 통해 일의 가치에 따라 돈을 벌 수 있는 행복과 자
  유로운 인생을 살 수 있도록 안내해준다.

25. 『놓치고 싶지 않은 나의 꿈 나의 인생』, 나폴레온 힐

- 부와 성공을 끌어당기는 비법을 안내해준다.

26. 『거부의 성공비결』, 김정수

- 나폴레온 힐을 연구하며 부와 성공에 이르는 비밀을 경험과 함께 안내되
  어 있어 쉽게 배울 수 있다.

27. 『더 플러스』, 조성희

- 누구나 부자가 될 수 있다고 하면서 부의 길을 안내하고 내가 기회를 잡
  을 수 있도록 안내해준다.

삶(태도 · 습관)

28. 『변화의 시작 하루 1%』, 이민규

- 세상에서 제일 어렵지만 아이를 위해서 나를 위해서 꼭 해내야 하는 작은 변화부터 자세히 안내해준다.

29. 『지금하지 않으면 언제 하겠는가』, 팀 페리스

- 지금 이 순간에 최선을 다해 성장하는 방법을 안내해준다.

30. 『나를 아프게 하지 않는다』, 전미경

- 싱글맘이지만 꿈을 키워가면서 아이에게 당당한 엄마가 되기 위해 노력하는 나를 들여다볼 수 있게 해준다.

31. 『비폭력 대화』, 마셜 B. 로젠버그

- 인생을 살아가는 데 있어 꼭 필요한 대화들 덕분에 배우고 성장할 수 있다.

32. 『성품치유』, 이영숙

- 객관적으로 아이를 바라볼 수 있고 세상을 바라보는 힘을 키울 수 있다.

33. 『뜨겁게 나를 응원한다』, 조성희

- 나를 진심으로 사랑하는 법을 배우며 꿈을 향해 나가는 힘들이 생긴다.

34. 『나는야 산타할머니』, 이정숙

– 60세 나이에 작가가 되면서 천만장자로 살아가는 일상을 직접 안내하고 나누어주는 모습을 보면서 나도 할 수 있다는 자신감을 심어준다.

35. 『루이스 헤이의 나를 치유하는 생각』, 루이스 L. 헤이

– 나를 먼저 생각하고 치유하고 돌아보면서 단단해지고 인정해줄 수 있다.

36. 『아티스트웨이』, 줄리아 카메론

– 내 마음의 소리를 듣고 내가 편안해질 때 최상의 인생을 살 수 있다.

37. 『10배의 법칙』, 그랜트 카돈

– 환경을 탓하지 않고 자신의 힘으로 성공을 이루어 낸 저자의 인생을 통해 나도 할 수 있다는 자신감을 배울 수 있다.

38. 『데일 카네기 인간관계론』, 데일 카네기

– 사람의 마음을 사로잡는 가장 빠르고 확실한 방법을 안내해준다.

39. 『습관의 재발견』, 스티븐 기즈

– 지킬 수 없는 위대한 목표보다 사소한 행동이 인생을 바꿀 수 있다는 이야기와 함께 꿈을 키워갈 수 있는 힘이 되어준다.

40. 『가족은 선물입니다』, 장길섭

– 제목부터 나에게 와닿은 소중한 가족을 위해 최선을 다해 살아가는 법을 알아차릴 수 있다.

41. 『행복한 자장을 만드는 힘 청소력』, 마쓰다 미쓰히로

– 문제와 고민을 청소를 통해 없앨 수 있고 깨끗함의 힘을 알게 해준다.

42. 『아주 작은 습관의 힘』, 제임스 클리어

– 조금씩 시도한 아주 작은 일들이 삶을 바꿀 수 있다는 것을 안내해준다.

43. 『오래된 비밀』, 이서윤

– 대한민국 상위 1%의 멘토가 말하는 운의 원리, 행운과 불운을 만드는 것
  은 나 자신이라는 것을 알게 해주고 배울 수 있다.

44. 『인생의 태도』, 웨인 다이어

– 변하고 싶다면 내가 스스로 삶에 대한 태도를 바꾸어야 하고 당당하게
  살아가라고 안내해준다.

45. 『멘탈 트레이닝』, 김시현

– 나의 멘탈을 잠자기 전 15분을 통해 100일간 트레이닝 하는 법을 안내해
  주고 그를 통해 나의 멘탈이 강해지면서 삶을 살아가는 태도가 변화된다.

46. 『린치핀』, 세스 고딘

– 누구도 대체할 수 없는 '나'를 만나고 아이의 존재도 나에게 린치핀이라
  는 것을 알게 해준다.

47. 『삶의 무기가 되는 좋은 습관』, 김시현

– 나쁜 습관을 버리고 내게 필요한 습관을 만들 수 있도록 안내해 준다.

48. 『이기는 습관』, 보도 섀퍼

– 성공한 사람들의 30가지 이기는 습관을 통해 내 삶에 적용할 수 있다.

49. 『미라클 모닝』, 할 엘로드

– 매일 아침 동일한 시간에 동일한 루틴을 보내면서 내 삶의 성장을 안내

해준다.

50. 『항상 나를 가로막는 나에게』, 알프레드 아들러(원저), 변지영(편저)

– 평생 계속되는 도전에 맞설 수 있는 용기를 가지게 해준다.

51. 『2억 빚을 진 내게 우주님이 가르쳐준 운이 풀리는 말버릇』, 고이케 히로시

– '감사합니다'의 말에 담긴 긍정에너지를 항상 나에게 인식시키면서 어떤

어려움도 헤쳐나갈 수 있음을 안내해준다.

52. 『땡큐 파워』, 민진홍

– 감사하는 마음이 어떤 어려움도 이겨낼 수 있는 삶의 무기가 된다고 하

면서 하루 1분, 21일 감사일기의 힘을 안내 받으면서 나 역시 하루의 시

작과 끝을 감사일기로 마무리하면서 변화되는 나를 만날 수 있다.